做最好的执行者

谭波◎编著

吉林出版集团股份有限公司

图书在版编目（CIP）数据

做最好的执行者 / 谭波编著. — 长春：吉林出版集团

股份有限公司, 2018.7

　　ISBN 978-7-5581-5210-8

　　Ⅰ.①做… Ⅱ.①谭… Ⅲ.①企业管理

Ⅳ.①F272

中国版本图书馆CIP数据核字（2018）第134128号

做最好的执行者

编　　著	谭　波
责任编辑	王　平　史俊南
开　　本	710mm×1000mm　　1/16
字　　数	260千字
印　　张	17.5
版　　次	2018年11月第1版
印　　次	2018年11月第1次印刷
出　　版	吉林出版集团股份有限公司
电　　话	总编办：010-63109269
	发行部：010-67208886
印　　刷	三河市天润建兴印务有限公司

ISBN　978-7-5581-5210-8　　　　　　　　　　　定价：45.00元

前言

    落实是任何一项工作都必须的，没有认真地贯彻落实，即使有再好的战略、再崇高的目标都难以实现。习近平主席于2011年3月1日在中共中央党校春季开学典礼上做了"关键在于落实"的讲话，其目的主要是针对领导干部的，要求各级领导干部在自己的本职工作岗位上认真工作，落实好中央的每一项部署。他从"充分认识抓落实在党的领导工作中的重要意义""抓落实必须牢固树立党的宗旨意识和正确政绩观""抓落实必须具有知难而进、锲而不舍的奋斗精神""抓落实必须发扬求真务实、真抓实干的优良作风""抓落实必须树立正确的用人导向和形成完善的工作机制"这五个方面详细论述了领导干部如何抓落实，如何扎实推进工作。

    尽管他的讲话是针对领导干部的，但事实上，落实不仅对各级领导干部要求去做，而且对于在企业里工作的各级领导和全体员工同样非常有用。为了更进一步指导员工和企业领导们做好落实工作，我们编写了《做最好的执行者》一书。全书共12章。主要包括如何培养最好的工作状态；最好的工作状态，最好的执行力；落实到位就是最好的执行者等。要成为良好的执行者，必须要有良好的工作状态，故本书先从如何培养员工最好的工作状态谈起，论述了工作状态与执行力的关系，阐释了"落实"对于公司领导和员工的重要性，强调公司全体成员要在自己的岗位上努力奉献，扎实工作，强化落实观念，勇担落实责任，创造落实作风，培养落实习惯，实现公司的战略目标，为社会创造更多有价值的财富。

总之，全书多方位阐释了工作状态、执行力与落实的关系及其重要性，强调了任何工作的关键都是落实。没有认真的落实，工作对于我们而言，就是一个无用的符号。希望本书对读者能够有所启发。

编　者

CONTENTS 目录

第一章

工作要有
敬业精神

从古到今，凡在事业上有所成就者，大都做到了以下两点：一是有专注的事业心和崇高的责任感；二是锲而不舍的努力和奋斗。做到了这两点，即为敬业精神。孟子说："天将降大任于斯人也，必先苦其心智，劳其筋骨，饿其体肤，空乏其身，行拂乱其所为，所以动心忍性，增益其所不能。"说的是，要想成就一番事业，必定要发愤图强，意志坚定，吃苦耐劳，勇于奉献，才能有所成就。用现在的话来讲，必须要有敬业精神。

敬业是做好工作的起码要求

一个人无论做什么工作，都要有敬业精神。敬业总是和爱岗相互依存的，爱岗是敬业的前提，敬业是爱岗情感的进一步提升，是对职业道德、职业荣誉的进一步深刻理解和把握，一个不热爱自己岗位的人，很难做好自己的工作，一个不想做好自己工作的人，很难说是真正的热爱自己的工作岗位。爱岗就是热爱自己的工作岗位，掌握自己的本职工作，敬业就是以极端负责的态度对待自己的工作。不论做什么工作、不论职务大小、都要立足于本职工作，严肃认真、兢兢业业脚踏实地一丝不苟。

敬业精神是自尊自强的表现，一个有敬业精神的人，必是一个有高度责任心的人，对自己负责、对工作负责、对单位负责，敬业的人以有没有做出贡献这一标准来衡量自己所做的工作，而不是夸夸其谈，搞形式主义。如果我们都树立强烈的责任心和敬业精神，那么我们的事业就会不断发展壮大，不论外部环境多么恶劣，都能克服重重困难，到达成功的彼岸。

我曾经听过这样一个真实的故事，这个故事发生在日本，故事的主角是一个利用假期到东京帝国饭店实习的大学女生。她在这个五星级饭店里被分配到的工作是清洗厕所。当她第一天伸手进马桶刷洗时，差点当场呕吐，勉强撑过几日后，实在难以为继，于是她决定辞职。但就在这个时候，她发现和她一起工作的一位老清洁工，居然在清洗工作完成后，从马桶里舀了一杯水喝下去。她看得目瞪口呆，但老清洁工却自豪地表示，经他清洗过的马桶，是干净得连里面的水都可以喝下去的！这个举动带给这位女大学生很大的启发，令她了解到什么是敬业精神。每当清洗完马桶，她总扪心自问：我可以像那些老清洁工一样从马桶里面舀一杯水喝下去吗？她不但这样想着，也坚持这样做了。假期很快结束了，她的实习也要跟着结束了，当经理验收假期的实习成果时，女大学生当着所有人的面，从容地从她清洗过的马桶里舀了一杯水喝下去！她的举动震惊了在场的每一个人，当然也受到了考核经理的赞扬和肯定！毕业后，这名女同学顺利的进入帝国饭店工作，开始了她的事业征程。她从进入公司的第一天起，就展现出了过人的敬业素质和工作激情，正是靠着她认真负责的工作态度，在她37岁以前，她是日本帝国饭店最出色的员工和晋升最快的员工。37岁以后，她的人生轨迹发生了重大的转折，她开始步入政坛，在广阔的政治舞台上，她依然用在帝国饭店工作时的工作热情不知疲倦的忙碌着，她的努力得到日本首相的赏识，很快她就成为日本内阁邮政大臣！这位女大学生的名字叫野田圣子。直到现在，这位现年44岁、被认为极有可能成为日本首相的内阁大臣，据说她每次自我介绍时总还是说：我是最敬业的厕所清洁员，和最忠于职守的内阁大臣……

从野田圣子的个人经历中，我们可以从中受到什么启发？我想恐怕最珍贵的就是她的敬业精神了。所谓的敬业，就是要求我们要精益求精地对待自己的工作，在看似平凡的工作岗位上为客户提供最优质的服务，从服务过程中发现自我价值、实现自我的价值。一个人能把一件平凡的事情做好就是一件很不平凡的事情，能够做好简单事情的人就是一个社会需要的人。敬业精神也是一种对自我的超越，我们去工作有时候不仅仅是为了谋生，而是通过给他人提供服务，得到别人的肯定，获得精神上的愉悦、情感上的满足，寻求自我价值的实现，找到人生真正的意义所在。

就拿台湾著名企业家王永庆的发家史来说，无疑更具有说服力，在他刚刚开始做生意的时候，他开了一个很小的米店，这家米店地点偏僻，规模不大，生意也不怎么好。但是王永庆并没有因此灰心，他相信通过提高自己的服务，是能把这个生意做好的，后来他看到米里沙子、杂物很多，他一点也不害怕麻烦，花费大量的时间一点点挑出来，给顾客带来了很大的方便。他看到一些老年人来买米很不方便，就主动把米送到这些老人的家里去。另外他还帮人家把米缸擦干净，然后再把新米倒进来。如果缸里有旧米，他就会先倒新米，然后再倒旧米，要不旧米时间长了会变质，给客户的身体健康带来隐患。另外他还根据每户人家的人口多少、米缸容量，计算出这家下次买米的时间，感觉客户米要吃完的时候，就主动送货上门。就这样，通过自己的不懈努力，王永庆的生意逐渐红火起来。现在大家会觉得王永庆这些方法一点也不高明，的确，这些方法甚至有一点笨，但是在一个人事业的开始阶段，要想在激烈的竞争中拔得头筹，脱颖而出，有时候是要下一下笨功夫的，这对于我们每个想要成就一番事业的人来说是大有裨益的。

　　通过以上的两个小故事，我们不难发现，敬业是我们做好一项工作的最起码的要求。无论我们从事什么工作，既然我们已经选择了这样一份工作，无论这份工作对你来说是轻松还是困难，让你喜欢还是让你讨厌，我们都要把自己的心态摆在一个正确的位置，不能抱怨，不能消沉，我们需要做的只是好好的去适应它，做好它，只有这样你才能在工作中有所收获，有所进步，也必将为你以后的工作打下坚实的基础。

用主人翁的心态 去对待工作

怎么做才是以主人翁的心态对待工作呢？简单的说，就是要求我们全心全意、尽职尽责地做好自己的本职工作，把工作当作自己的事业来经营。只有在工作时把握好这种"主人翁"的心态，才会珍惜现在的工作，才会脚踏实地地工作，才会对工作充满激情。

我们每个人的工作岗位都有所不同，刚步入基层时，我对工作也曾灰心过，但我很庆幸自己很好地控制了情绪，没有因此耽误工作，并且我坚信，不管服务对象的态度怎样，只要我礼貌为先，服务到位，总会换来别人同样的尊重。尤其经过最近的培训，我时常反省，是不是把这份工作当成自己的事业去经营呢？如果我没有这样做，我还能不能这样做？如果我能这样做，我可不可以一直坚持下去？

正是自己在心中萌发的以主人翁的心态对待工作的念头，促使我们从思想和工作中进行了一系列的反思。

以主人翁的心态去工作，我们就不会再认为自己的工作是一件无关大局，微不足道的事情。哈伯特说："工作中每一件事都值得我们去做，不要小看自己所做的每一件事，即便是最普通的事，也应该全力以赴，尽职尽责地去完成。"每天进步一点点是实现自我突破的开始，每天创新一点点是超越别人的开始，每天多做一点点是取得个人成功的开始。心态决定状态，心胸决定格局，眼界决定境界。相信，能以主动尽职的主人翁的态度去工作，即使身处最平凡的岗位也一定可以做出不平庸的业绩！

在当今中国，虽然找一份工作已经不是一件很难办到的事情，但真正找一份能给自己发展奠定基础的工作并不容易。因此，我们要珍惜来之不易的工作岗位，努力做好自己的工作。只要你把公司当作是自己的公司去对待，那么你距离成功也就不远了。因为你已经成为一个不可分割的整体了，你所付出的努力都会得到应有的回报。

齐勃瓦出生在一个偏远的美国乡村，由于家庭的贫困，他只接受过初级的学校教育。在他15岁那年，为了维持全家的生计，他就放弃了自己的学业，只身一人来到一个山村做了马夫。在他做马夫的这段日子里，他思考了很多，他不想就此沉沦下去，更不甘心就这样一辈子做个马夫，他时时刻刻都在寻找发展的机会，为自己找一条新的出路。3年后，齐勃瓦结束了自己的马夫生涯，来到钢铁大王卡耐基所属的一个建筑工地做小工。虽然他也是一个进城的农民工，但自从进入建筑工地那一天起，齐勃瓦就下定决心，要做同事中最优秀的人。当其他人在抱怨工作辛苦、薪水低的时候，齐勃瓦却默默地积累着工作经验，并自学建筑知识。

晚饭过后，工友们往往闲得无聊，用扑克打发时间，只有齐勃瓦一个人躲在角落里学习。有一天，公司的领导到工地检查工作，走过工人宿舍时，看到齐勃瓦手中的书，又看了看他的笔记，什么也没说就走了。第二天，这位领导把齐勃瓦叫到办公室问："你学这些东西有什么用？"齐勃瓦不紧不慢地回答说："我想我们公司并不缺少打工者，缺少的是既有工作经验、又有专业知识的技术人员和管理者，是不是？"经理满意地点了点头。

很快，齐勃瓦就得到了公司的重用。曾经的工友开始妒忌他，并且嘲笑他。但是他回答说："我不光是为了打工。更不仅仅是为了赚钱，我是在为自己心中的梦想在努力。正是抱定了这样坚定的信念，他工作变得更加努力，系统掌握了专业的技术知识。就这样，齐勃瓦一步一步升到了总工程师的职位。25岁那年，齐勃瓦终于做了这家建筑公司的总经理。

　　齐勃瓦的成功不是偶然的，也没有捷径可走，靠的就是自己的努力和勤奋，和别的打工者不同，他自从加入公司的那一天起就给自己定下了目标，并且一直为了这个目标而努力着，公司为他提供了一个实现自己奋斗目标和施展自己才华的平台。正是由于这种目标加上勤奋，齐勃瓦不仅做了建筑公司的总经理，在建筑公司完成了最大的布拉德钢铁厂时，他超人的工作热情和管理才能又被卡耐基钢铁公司的天才工程师兼合伙人琼斯所发现。琼斯立即举荐齐勃瓦做了自己的副手，让他负责全厂事务。两年以后，琼斯因一次事故而丧生，齐勃瓦靠着自己的才能和威望顺理成章地接任了厂长。由于齐勃瓦的个人努力和工作积极性，加上他日渐成熟的管理艺术，布拉德钢铁厂获得了更大的发展，为总公司赢得了更高的利润，并且成了卡耐基钢铁公司的灵魂。又过了几年，卡耐基亲自任命齐勃瓦担任钢铁公司董事长。至此，齐勃瓦达到了自己事业上的一个新高度，实现了从马夫到董事长的人生转变。

　　当然，看了上面的故事，也不是说只要努力就一定能够取得成功，而是如果你不努力了，你一定不会取得成功，只要付出比别人更多的工作热情，你的才华是会被别人看到的。前提是你必须把公司当作自己事业的舞台，以公司的主人翁心态去对待工作。

敬业就要热爱
自己的工作

　　当你听到骑士这个词时，你会想到什么呢？你也许会想到是骑着高头大马、身披铠甲、手执长矛，正在冲锋陷阵的中世纪欧洲重装士兵。那么是什么力量驱使着他们在战场上勇往直前、奋勇杀敌呢？原来，每当这些骑士遇到自己无法战胜的敌人时，他们往往会带领着自己的同伴，一起高喊："忠诚——信仰——荣耀——勇气"这句响亮的口号，最后，在这些富有煽动性的口号的感召下，这些骑士就会拼死杀敌，就会用自己的生命来保护自己心爱的家园，正是靠着这种信念，骑士们永远不会背弃自己的家园，即使最后的代价是走向死亡。

　　为骑士的荣誉而战！哪怕自己牺牲。"骑士"这一称号本身对骑士来说就是一个巨大的荣誉，因为他们获得这样的称号并不是一件容易的事情。一名候补骑士想要成为正式的骑士，就必须付出艰辛的努力，甚至是血的代价，他们是需要经过一次次严格的考验，这种考验不仅仅是需要高明的骑术，还需要有出众的统率力、丰富的战斗经验和显眼的标志性成绩。只有这样，他们才能成长为一名真正的骑士。

　　征战就是骑士的工作，战场就是他们发挥自己人生价值的地方，很明显，正是他们对自己工作的敬仰之情、热爱之心，才使他们彪悍无比、战无不胜。

　　美国的企业家杰克·法里斯曾讲起过他小时候的一个故事。13岁时，他就开始在父母的加油站里协助父亲工作。法里斯的目标是想学会修车，但他的父亲却坚持让他在前台接待顾客。

如果他看到有汽车要开进来加油时，他就早早的开始为顾客服务做准备，法里斯总会在车子停稳前就站到司机门前，准备着为顾客提供最优质、最贴心的服务，在车子停稳之后，他就忙着去检查油量、蓄电池、传动带、胶皮管和水箱，看这些设备是否在正常的工作，并会给客户提供一些汽车保养的小建议和好点子。经过一段时间的工作，法里斯注意到，如果他的第一次工作能让顾客满意，这些顾客大多还会再次光临，要留住这些顾客，就必须想方设法让顾客得到在别的加油站所没有的服务，也只有这样，才能让他们下次加油的时候，能想起这个加油站。于是，法里斯总是要比别人多想一点，多干一些，帮助顾客擦去车身、挡风玻璃和车灯上的污渍等，他的这种做法为加油站赢得了更多的顾客，有些顾客甚至是慕名而来的。

有一段时间，每周都会有一位老太太开着她的车来清洗。但这位老太太非常难缠，是个十分挑剔的客户，每次当法里斯给她的汽车清洗完毕之后，她都要再仔细从外到内检查一遍，看到不干净的时候，她总是让法里斯重新打扫，直到清除掉每一缕棉绒和灰尘她才满意。

在一次为老太太服务的时候，老太太的挑剔实在让法里斯忍无可忍了，他决定不再伺候她了。但是当他的父亲知道这件事情之后，就生气地对法里斯说："孩子，你要时刻记住，为顾客提供优质的服务是你的责任！我们不管顾客会说什么或做什么，不管他们的言语或是行动让我们感到多么不爽，我们都要努力做好自己的工作，并以应有的礼貌去对待顾客。"

父亲的这段话让法里斯感受很深，并让他受益无穷，法里斯在以后回忆中说道："正是在加油站的工作经历使我学到了严谨的职业道德和应该如何敬业，如何做才能让顾客更满意。这些东西在我以后的职业生涯中起到了至关重要的作用，让我在以后的工作中获得了极大的帮助。"工作是我们每一个人赖以谋生的基石，如果我们没有这样一块基石，我们就没有了基本的收入，我们的生活就失去了保障，我们五彩缤纷的人生梦想就难以实现，在日常工作中，如果你能把自己的工作当成是一种乐趣，你的人生就变成了天堂；如果你把你的工作作为一种义务，你的人生就变成了地狱。有时候，天堂与地狱只有一念之差。我们只有去热爱自己的工作，我们才能产生工作的热情和激情，我们才能把我们的工作做好，才能得以谋生并从中得到乐趣！

我们要知道我们的工作不仅仅代表的是我们个人，我们代表的是公司的形象和荣誉，我们每个人的工作是否能让顾客感到满意也不仅仅是我们自己的事情，这关系到公司的发展和正常的运营，我们工作做得好了，就能为公司赢得更多的顾客，公司就能获得更大的发展，我们个人的价值也会得到证明，所以在工作的时候，我们一定要有耐心，认真地对待每一位顾客，即使这些顾客是你不喜欢的类型，我们也必须做到笑脸相迎，用最好的态度去为他们服务，因为这就是我们的工作，我们必须把它做好。

在很多时候，我们从事的工作并不一定就是自己找工作时所期待和希望的那样，或许这个工作与你的专业，与你的经验，与你的个人兴趣爱好大相径庭，南辕北辙，但是我想说的是能找到自己满意的工作是个不容易的事情，我们为了生计，往往要去做一些自己原本一点兴趣都没有的工作，一旦我们选择了这份工作，我们就有责任、有义务去做好这份工作，或许通过我们一段时间的接触后，会发现其实自己原本不太喜欢的工作渐渐的会熟悉起来，适应起来，热爱起来。所以我们在接受一个新工作的时候，不管自己喜欢不喜欢，首先要能摆正自己的心态，消除以前的错误观念，重新审视这份工作，对待这份工作，我们也许会有意想不到的收获。

热爱说起来简单，做好了很难，在我们的工作当中，我们要从一点一滴做起，使每一个工作细节能够注入认真、注入感情，在每一天的工作中都积极思考和寻找提高效率和增加效果的方式，使工作好像每天都有新的变化，每天都有新鲜感；热爱就是用热诚对待工作中的每一个人，无论是自己的同伴、领导还是顾客，用心的对待他们，了解他们的希望并满足他们的要求；热爱就是把看似简单和重复的事情加上一点我们个人的思想和情感在里面，这样就使工作变成为了一种良好的和顾客沟通和宣传工具，使我们的工作成为个人能力和品质的代言物，就能给我们带来更多的机会和实惠。任何一个事业成功的人，必定是一个热爱自己工作的人，古今中外，皆是如此。就从热爱我们的工作开始，让我们做好自己的工作，从中得到工作的快乐！

敬业的最大
受益人是自己

我们踏踏实实的工作表面上看起来是有益于公司，有益于老板，其实，敬业最大的受益人是我们自己。当我们将敬业变成一种良好的工作习惯时，就能从中学到更多的工作技能，积累更多的工作经验，就能从全身心投入工作的过程中找到快乐。

"敬业只能使老板发财，我凭什么要敬业呢？"

"我就拿这么一点点少得可怜的工资，干吗那么拼呢？"

"敬业？那不过是老板善意的谎言罢了！"

在现实工作中，我们经常会遇到这样爱抱怨的人，他们工作拖沓，当一天和尚撞一天钟，缺少激情；在某个岗位上干了很多年，却总是没有什么进步。确实，我们敬业了，我们努力工作了，但这只对老板有好处吗？你努力工作了，老板就会重用你，也必然会把更加重要的任务交给你，也必然会把更加重要的位置留给你，你不是也得到好处了吗？如果把工作视为等价交换，甚至还想方设法地偷懒，这样固然可以给老板造成损失，固然可以让自己捞点便宜，然而，你损失的却是你自己的前途，你可能永远也得不到老板的重用和赏识。

所以说，一个人努力地工作，不仅对公司有好处、对老板有好处，其实，自己得到的好处是最多的。

道格拉斯是一位普通的采购员，当他准备到一个新公司任职前，他就花了很长时间去了解这个公司，并且结合这个公司的具体情况想出了一系列使公司得到更多利润的方法。当他来到这个公司后，就非常勤奋且刻苦地工作，想办法去找到最便宜的供货商，用低价买进公司需要的货物。可以说，他所从事的采购工作也许并不需要特别的专业技术和知识，需要的只是敬业的工作精神，因此他在这个平凡的岗位上取得了骄人的成就。然而他神奇的表演还在继续着，在他29岁那年，他为公司节省出的资金已超过80万美元，尽管这80万美元对公司来说算不了什么，但是他的这种精神无疑是更加难能可贵的。公司的董事长知道了这件事后很是感动，马上就增加了道格拉斯的薪水。通过自己长久的坚持和努力，他在36岁时就成为了这家公司的副总裁，年薪超过10万美元，实现了自己的人生梦想。

也许道格拉斯的这种对待工作的积极态度，不是每个人都能做到，但是在很多情况下，他的敬业精神却是值得我们每一个人学习的，也是我们每一个人做好工作的法宝。

当你的工作做不好的时候，除了看看自己的思路是否正确，自己的方法是否得当外，还有就是要看看自己是否真的是个敬业的人，是否用尽了自己的热情去对待这份工作，这时候试着换一种心态去看待工作，试着换一个角度去看待你和老板的关系，你就会发现敬业的价值所在。

有人问一家经营很火的餐馆老板获得成功的秘诀时，这位老板说自己之所以能获得今天的成功，主要得益于他在一家欧洲大饭店厨房工作的经历。在那里工作的那段时间，他学会了很多东西，然而最关键的一点是，在决定做一件事情的时候就要竭尽全力把一切做得尽善尽美，不管是复杂的主菜，还是简单的配餐，都不能有丝毫的马虎。

他接着说："如果你做法式炸薯条，就要把它做成世界上最好的法式炸薯条，做得比别人要更加美味，更加能激起客人的食欲。"

这种竭尽全力追求工作尽善尽美的人，就是一个能创造出最大价值的人，就是能够登上事业最高峰，获得巨大成功的人。

24岁的海军军官卡特，接到命令去见海曼·李特弗将军。在和他谈话中，这名将军非常奇怪地让卡特挑选任何他自己愿意谈论的题目。

当这场交谈结束之后，卡特觉得自己发挥的还相当不错，接着将军就问了他一些问题，让他想不到的是，这些问题他几乎不知道怎么做出合理的回答，结果每每将他问得直冒冷汗，坐立不安。这次交谈让他终于明白了一个道理，自认为懂得很多的东西，其实自己懂得很少。

最后，将军问他在海军学校学习时成绩怎样的时候。卡特立刻不假思索自豪地说："报告将军，在全部820人的一个班中，我名列第59名。"本想着将军听到自己的成绩，会表扬自己，但是结果却更加出人意料。

将军不满意的地皱了皱眉头，问："才59名你用尽全力了吗？为什么不是第一名呢？"

"没有。"卡特坦率地说："我没有。"

"那为什么不全力而为呢？"将军大声质问，甚至狠狠地瞪了他几眼。

此话如当头棒喝，给卡特以终身的影响，让他明白了一个道理：作为一名士兵，他的职责就是练好本领，没有竭尽全力做到最好，这就是他的失职。此后，他事事竭尽全力，终于成为美国总统。

可见，一个人要想在职场上取得成功，就必须改变自己对工作的态度，无论做什么事情，都务必竭尽全力。因为一件事情的意义绝不只是事情本身，它往往能决定你日后在面对更大事业时的成败。一个人一旦领悟了全力以赴地工作能消除工作辛劳这一秘诀，他就掌握了敬业精神的精髓，同时，也就找到了打开成功之门的钥匙。

重视自己的工作，对工作认真负责，你就会发现自己是最大的赢家。

在任何时候，你都应该记住：敬业的最大受益人就是你自己。

[敬业
才能立业]

一个人要想创立自己的事业，必须要有敬业精神。敬业精神是你做好一项工作的基本要求，只有做好了最基本的工作，你才能从这个工作中学得你创立自己事业的基本技能，所以要想立业，必须敬业。

敬业是一种积极向上的生活态度和工作态度。拥有这样态度的人往往会树立一种"这个世界上没有卑微的工作，只有卑微的工作态度"的正确职业观。敬业的人大多对自己的职业水准有极其高的要求：认真负责，精益求精，永不满足，时时刻刻都在想方设法改善自己的工作方法，提高自己的工作效率。一旦形成了这种敬业精神，在其职业生涯发展道路上，也就直接决定了一个人职业发展所能到达的高度。

在我们的事业发展过程中，有了基本的敬业精神，我们就会义无反顾地，深深地喜欢上我们所从事的职业，即使这份职业在起初的时候并不是那么的光鲜，并不是那样的被人看好，但是在这种敬业精神的驱使下我们就会更进一步地专心致志地从事我们所做的事，从而达到我们想要的工作状态。不断学习，不断进步也是敬业精神的精髓所在，如果你这样做了，你必将会开创属于自己的一番事业。

某位集团公司的行政总监有这样一个耐人寻味的职业经历，在他成为公司行政总监之前，他只不过是公司行政部的一名普通职员而已，这个相对较低的起点是很多初入职场的人所必须经历的。从他进入公司那一天起，他就为自己制定了严格的工作标准和清晰地职业规划，有了这样的标准和规划，在日常工作中，他就表现出了和别人不一样的工作激情，他非常的努力、敬业，积极主动地去承担责任。很多工作虽然不是他必须要完成的事情，但他还是主动做到尽善尽美，从来都没有觉得自己这样做是一种吃亏的表现。他每天总是第一个到办公室，最后一个离开，做事情也总是能善始善终。虽然他工作加班也没有相应的加班费，但他还是经常加班，因为他有一个良好的工作习惯，就是绝对不让今天的工作拖到第二天。靠着这样的拼劲，他总能提前完成主管交办的工作，并且做得让主管都赞赏有加。他这样做的时候，自然也有同事嘲讽他，说他是一个十足的傻帽，现在社会怎么还有这样的人。他有他自己的想法，当然就丝毫不在乎这些人的嘲讽，依然固执地坚持自己的工作态度和做事原则。时间久了，他的优势就明显的体现出来了，因为他做得越多，对公司了解的也就越深，掌握的工作技能也就越多，公司也就越需要他，也就越离不开他。

天道酬勤，任何努力都不会付之东流的，他的这种表现，部门经理看在眼里，记在心里，总经理对他也是另眼相看，格外器重。总经理在交给一两件事给他办之后，见他完成得相当好，就对他产生了莫大的信任，之后便交给他更多的任务让他去完成，并有意地让他参与公司的一些重要会议，他从而也进入了公司领导层。有同事对他说："总经理增加你的工作量，你应该主动要求加薪。"但他没有这样做。他知道自己在这个公司已经得到了很多——他在很多方面其实已经超过同部门的老员工，这种收获绝对不是薪水所能换来的。

其实，总经理给他增加任务的主要目的，还是在考察和培养他，要看看这个人是不是真正的为公司着想，为公司工作。机会总是等着有准备的人，因为总经理早就对原来的行政经理有所不满了，一直想更换，但就是没有合适的人选，现任行政经理年龄虽不大却一副老气横秋的样子，没有一点年轻人工作起来应该有的激情，而且他自负傲慢又不肯承担责任，一旦出了问题总为自己找一大堆借口，去推卸自己的责任。在经过一段时间的考察和培养后，总经理最终做出决定——解聘原来的行政经理，让这个普通的职员取代他的位置。人事命令公布之后，整个集团为之哗然，认为一个刚进入公司的年轻人怎么能担负起这样重大的责任。人们开始议论纷纷，表示不理解总经理的这种用人之道，这时总经理说出了自己的看法："我之所以要重用这个年轻人，因为这个年轻人身上有一种最宝贵的东西，这个宝贵的东西恰恰是我们公司所需要的，而且是很多员工都缺乏的这种东西，那就是勤奋、敬业和忠诚。我承认他的管理能力和经验都还存在着不足，文凭也不高，但只要有勤奋、敬业和忠诚就什么都学得到，我相信他一定能够胜任行政经理的工作。"

最后的事实证明，总经理的决定是十分正确的，这个年轻人只在刚上任的一两个月里感到工作有点吃力，显示出了一个新人在接触到新工作岗位后的不足，但是这段适应期并没有持续太久，很快他就表现出了游刃有余的愉快神情，因为他勤奋、敬业和忠诚。所以，在工作中敬业的员工，才是老板最欣赏最器重的员工，也是最容易成就事业的员工。

在竞争日趋越烈的现代职场，敬业更是一个人成就大事不可缺少的重要条件。它是强者之所以成为强者的一个重要原因，也是一个弱者变为一个强者应该具备的职业品行。用敬业的精神去对待自己的工作，并把敬业变成一种行为习惯，那么无论你从事什么样的行业，你都会在你所从事的领域里脱颖而出，成为翘楚。

有人曾经在雨天对公交车的停车方式做过调查，结果发现：一个路边有很深积水的车站旁边，75%的司机把车停在了距离乘客2米左右的地方，乘客没有办法一步跨上车，只能踩着水过去，15%的司机在快到车站的时候，没有减速，以至于车轮溅起的积水溅到了乘客身上，只有10%的司机主动减速停车，并把车停在乘客抬脚就能上车的地方。后来，调查人员发现，那10%主动为乘客着想的司机，在工作中一直十分敬业，也获得了更快地提升。

敬业是一个人成就自己事业的前提和基础。有了敬业精神，才能产生立业的远大志向、才能掌握立业所必须要有的基本技能。敬业精神能化苦闷为快乐，化复杂为简单，化踌躇不定为刚强果断。敬业会让我们产生无穷的毅力和决心，从而达到立业的目的。

第二章

用正确的价值观
对待自己的工作

　　不要把工作当成是自己谋生的手段，这样我们就会被工作所累，而应该将其当成自己的事业来经营，这样我们才会从工作中得到拼搏的动力。对于一个有抱负的员工来说，要有更加宏大的眼光和更加远大的理想，就应该利用各种工作机会来增强自己的才干，把工作机会当成自己学习、锻炼的平台，不断地充实自己，提高自己，为自己以后的发展打下坚实的基础。在工作中对自己要求就要更加的严格，这样你的能力也就会提高得更快。要想把看不见的梦想变成看得见的现实，便要在工作中就就业业，把工作当成自己的事业来经营。正确的价值观会将你推上成功的良性轨道，并积极引导你实现自己的人生梦想。

正确理解薪水和工作的关系

在不少人眼里，获得薪水就是我们工作的唯一动力和最终目的。有些人在对待工作的态度上一直存在着一种误区，那就是"给我多少工资，就干多少活"，"不是自己分内的事情一律不干"，"公司的事情能推就推，做多错多"。从表面上看来，这些貌似聪明的人没有吃亏，但长远来看，他们却损失得特别惨重。

薪水的确是我们工作的一种回报，但决不是唯一的回报。一个人如果只为薪水而工作，那么他的眼界就会变得十分狭窄，如果一个人没有更高远的自我提升和发展的意识，工作起来也就失去了主动参与的积极性，所有的事情都是被动地去接受，就会很不情愿地去工作，工作起来就会变得十分的痛苦，就难以获得快乐和自我满足。

那些不计较薪水多少、勤奋努力的人，虽然看起来有点傻，但是他们迟早会有出头之日。如果你把薪水放在第一位，你未必能够获得很高的薪水，如果你不只是为了薪水而工作，也许会有意想不到的收获。

李嘉诚无疑是亚洲商界最具成功的标志性人物之一。李嘉诚的商业帝国十分的庞大，他的和记黄埔集团是全球港口业最大的经营商，业务遍及全球41个国家和地区。他公司的股票价值占据了香港股市的13%。他在移动电话科技领域的投资金额高达167亿美元，在中国内地投资达70亿美元。李嘉诚在慈善捐款方面的表现也是十分突出，他在亚洲的教育和保健方面捐款超过5亿美元，其中包括捐献给祖国内地的大学和福利设施。然而获得如此巨大成功的李嘉诚却有一段鲜为人知的经历，那就是李嘉诚事业的转折点竟是从做"间谍"开始的。

1957年春天，李嘉诚的事业才刚刚起步，正处于学习和发展阶段，因此他要去很多的国家去进行考察，有一次在意大利，他在一间小旅社安下身后，就迫不可待地去寻访那家在世界上开风气之先的塑胶公司的地址，经过两天的奔波，李嘉诚风尘仆仆来到该公司门口，但却戛然却步，并没有贸然地走进去。

他知道厂家对新产品技术的保守与戒备是十分严格的。也许名正言顺购买技术专利是一个更为稳妥的办法，但那时候的长江厂还是小本经营，根本付不起昂贵的专利转让费；再者，厂家也绝不会轻易出卖核心专利，它往往要在充分占领市场，赚得盆满钵溢，直到准备淘汰这项技术时方肯出手。

经过思考，李嘉诚想到了更好的办法。正好这家公司的塑胶厂招聘工人，李嘉诚就去报了名，他就被派往车间做打杂的工人，李嘉诚就这样打入了这家意大利塑胶公司。但是李嘉诚只有旅游签证，按照规定，持有旅游签证的人是不能够打工的，所以老板给李嘉诚的工薪不及同类工人的一半，因为他知道这位"亚裔劳工"是非法打工，不敢控告他，当别人看到李嘉诚拿着极少的工资，干起活来还那么卖力的时候，都是无法理解的，他们问李嘉诚为什么的时候，李嘉诚总是说多干点就能多学点，工资不是工作的全部。

李嘉诚开始的工作负责清除废品废料，这项工作不但繁重，而且工作环境恶劣，是别人都不愿意干的工作，但是心中有理想的李嘉诚却干得津津有味，因为他能够推着小车在厂区各个工段来回走动，双眼却恨不得把生产流程都吞下去。李嘉诚收工后，急忙赶回旅店，把观察到的一切记录在笔记本上。整个生产流程李嘉诚都烂熟于胸了。可是，属于保密的技术环节还是不得而知。聪明的李嘉诚总是有办法的，他相信只要自己努力去争取，核心技术也是完全可能弄到手的，在假日，李嘉诚邀请数位新结识的朋友，到城里的一家著名的中国餐馆吃饭，这些朋友都是某一工序的技术工人。在吃饭的时候，就像平时饭桌上的聊天一样，李嘉诚用英语向他们请教有关技术，佯称他打算到其他的厂应聘技术工人。这些人也放松了戒备，李嘉诚通过眼观耳听，仔细的分析，基本上掌握了塑胶花制作配色的技术要领。

李嘉诚这次意大利之行，收获颇丰。随他一起到达香港的，还有几大箱塑胶花样品和制作塑胶花的珍贵资料。在李嘉诚掌握了塑胶花制作技术后，他觉得自己该回去了，在他临行前，塑胶花已推向市场，李嘉诚跑了好多家花店，了解这些花卉的销售情况。他发现绣球花最畅销，市场需求很大，他立即买下很多绣球花做样品。李嘉诚回到长江塑胶厂后，来不及休息就把几个部门负责人和技术骨干召集到办公室开会，在会议上他宣布，长江厂今后将以塑胶花为主攻方向，一定要使其成为本厂的拳头产品，使长江厂的效益和规模更上一层楼。

在掌握了西方先进的制作工艺之后，李嘉诚在香港率先研制出了漂亮的塑胶花，填补了香港市场的空白，并迅速占领了香港塑胶花卉市场。按照市场经济规律，物以稀为贵，这种新型的塑胶花完全可以卖一个很高的价钱。但是李嘉诚明察秋毫，目光远大，他认为塑胶花的制作工艺其实并不复杂，因此，一旦长江厂的塑胶花面市，其他塑胶厂必定会在极短时间内跟着模仿上市，使自己处于一个不利的地位。与其调价格，倒不如在人无我有。在独家推出的极短的第一时间，以适中的价位迅速抢占香港的所有塑胶花市场，一举打出长江厂的旗号，掀起新的消费热潮，让长江塑胶花在广大消费者心中站稳脚跟，得到认可。卖得快，必然就产得多，"以销促产"，比"居奇为贵"更符合商界的游戏规则。这样，即使效颦者蜂拥而至，长江厂也早已站稳了脚跟，而长江厂的塑胶花也深深植入了消费者心中。

在工作中，我们要不要学习李嘉诚这种为了学得自己想要的东西领着极少的工资去工作呢？无疑我们是需要的，当我们在一个公司的时候，不能只把眼睛盯在薪水上，重要的是通过这个工作，能不能为我们以后的发展打下坚实的根基，这才是最重要的。

把工作当成
自己的事业

台湾经营之神，台塑集团创始人，台湾首富王永庆先生是一个极富传奇色彩的商业大亨，在别人问他成功的秘诀时，王永庆曾经这样告诉大家："一个人把工作当成是职业，他会全力应付；一个人把工作当成是事业，他会全力以赴。"

我们不难发现全力应付其实与全力以赴只有一字之差，而意义却是天壤之别，这细微的差别就成了两种不同的员工，一种是当一天和尚撞一天钟，另一种却是尽职尽责，孜孜以求。对于我们从事的工作，我们不仅要把它当成一种职业，更要把它当成自己的事业去对待，这样我们才能具备充足的工作动力。珍惜工作的最高要求就是要把工作当成自己的事业。而如果一个人能够把工作当成事业来做，那么他已经成功了一半。

把工作当成自己的事业，就不会觉得自己是工作的奴隶。他们就会让工作成为一种人生的乐趣，成为一种生命内在的基本需要，成为展示自我智慧和才华的广阔舞台，这样，才能体会到人生的幸福和成长的快乐，才会在工作中保持持久的斗志和顽强拼搏的精神状态，工作效率自然就会得到极大的提高，工作起来也就会变得轻松自如。正如有位哲学家说过的："工作就是人生的价值、人生的欢乐，也是人生幸福之所在。"所以，当你把工作看作是一种快乐时，生活就会变得很美好；而当你把工作看成是一种任务时，生活就变成了一种奴役。

一个年轻人取得博士学位后，完全可以找到一份稳定的工作，但是这个年轻人却有自己的想法，他觉得年轻人就要有敢于挑战的信心和勇气，过于稳定的工作会让他丧失斗志，于是他便自愿进入一家制造燃油机的企业做了一名普通的质检员，刚开始薪水与普通工人一样，这点工资和他的同学比起来少了许多，但是他也没有在意这些东西，他更看重的是自己长期发展后的结果。工作半个月后，他发现该公司生产成本高，产品质量差，于是他便不遗余力地说服公司老板推行改革以占领市场。身边的同事对他说："老板给你的薪水也不高啊，你为什么要这么卖命啊？"他笑道："我是为我自己，因为这是我的事业。"一年后，这个年轻人被晋升为副总经理，薪水翻了几倍。

把从事的职业当成自己的事业！这应当是我们每一个人永远该持有的人生观和价值观。有了这样的价值观作为自己的精神支撑，我们工作的时候就会全身心的投入，工作才会更有激情。有句话说得好："今天的成就是昨天的积累，而明天的成功则有赖于今天的努力。"把工作和自己的职业生涯融为一个整体，对自己未来的事业负责，你就会容忍工作中的压力和单调，会觉得自己所从事的是一份有价值、有意义的工作，并且从中可以感受到工作的使命感和成就感。

成功人生的重要分水岭——为事业打拼而不是为工作奔波。把工作当做生活的来源，还是把工作当做自己一生的事业，其结果将是天壤之别。把职业当成自己事业的人，一个典型的表现就是：充满了自信心，了解自己在做什么，熟悉行业的情况并且会对自己的工作负责任。而只是为工作奔波的人则总是担忧失业，考虑"35岁以后怎么办"的问题。

美国布拉尼克博士一直在研究一个课题，他随即挑选了1500名男女做了长达20年的研究，这个研究是一个长期的跟踪过程，这项研究从他们20多岁得时候就开始了，直到40多岁才算结束。这1500人当中，有83位受试者成了百万富翁。经过对比研究后，拉尼克博士获得了这样一个结论，这些经过20年努力后变成富翁的人，都很早就下定决心要专攻某件令他们痴迷的事——他们喜欢做的事。结果，努力工作15或20年后，他们猛然发现，自己的净资产值超过了100万美元，回想起来这个过程，他们也觉得像一场梦一样。在这类人当中，有百分之七八十的人都不是企业家，也没有伟大的技艺天才，而只是靠他们在工作中的卓越表现和专长成为富翁的。

每个人工作都有自己的目的和追求：把金钱置于第一位的人，你会一直处于贫穷之中，很难获得更大的发展；而把事业置于第一位，你很快就会拥有你要的财富，你的前途将会不可限量。

工作给我们提供了成就事业的机会，没有工作，便不会有事业。一个人只有将职业当事业，才能倾注自己全部的热情，才会不惜付出，才会取得事业的成功。工作意味着去参与、去思考、去创造，我们的事业也就是在这一系列有意义的活动中成就的。在工作中，我们的知识得以增长，思想得以成熟，人格得以完善。当我们成功地完成某件工作时，会发现自己的才华、价值得到了体现。对于愿意为自己的事业献身的人来说，工作不是一种负担，而会成为他们寻找快乐的一种有效途径，更是他们生活中的一个不可或缺的重要组成部分，因为我们只有在工作中才能充分发挥自己的才能，实现自身的价值。

我们来看看一个人做事的态度与报酬：

（1）不用别人在后面督促自己，就能积极主动的完成工作，这种人总能得到最高的奖赏，包括荣誉。

（2）别人仅告诉你一次，你就能不折不扣的圆满地完成自己的任务，这种人会得到很高的荣誉，但不一定总能得到相应的报酬。

（3）别人第一次告诉你，你没有做，直到别人第二次告诉你，你才会去做。这种人不会得到荣誉，报酬也很微薄。

（4）有些人只有在形势所迫时才能把事情做好，做工作完全是在一种被动的情况下勉强完成的，他们得到的只是冷漠而不是荣誉，报酬更是微不足道。这种人是在磨洋工。

（5）还有一些人，即使有人追着他，敲打着他，告诉他该怎么去做，并且盯着他做，他也不会把事情做好。这种人总是失业，遭到别人蔑视也是咎由自取。

把工作当成事业，则没有干不好的工作。让我们珍惜自己的工作，成就自己的事业，追求最大的人生乐趣，使我们无悔于社会、无悔于企业、无悔于家庭、无悔于自己。

世界首富，微软的创始人比尔·盖茨先生曾经说过这样一句话："如果只把工作当作一件不得不应付的差事，或者只将目光停留在工作本身，而不去想自己为什么工作，如何才能把工作做得更好，那么即使是从事你最喜欢的工作，你依然无法持久地保持对工作的激情。但如果把工作当作一项事业来看待，情况就会完全不同。"

为公司工作
也是为自己工作

　　这个世界上的员工大致分为两种。一种在挑水吃；另一种在挖井找水吃。

　　那部分认为自己在给别人打工的员工就是挑水喝的人，而那些将工作当成自己的事业来经营的员工则是挖井人，两种不同的心境就会产生两种不同的工作状态，也就会相应的产生两种完全不同的工作结果。

　　挑水喝的员工总是喜欢和别人比谁领的薪水更多，若比别人多就暗暗庆幸，沾沾自喜，若比别人少就满腹牢骚，消极怠工；挖井的员工则总是和别人比谁能在工作中学到更多的东西，他们看重的是经验的积累，看重的是企业能否为自己提供更广阔的施展才华的平台，以及自己能否在这个平台上将个人的能力发挥到极致。

　　挑水喝的员工总是能少干一点就少干一点，以工作清闲为荣，挖井的员工总是尽量多干一点，以少干工作为耻；挑水喝的员工只愿干好本职工作，从不去考虑自己工作之外的事情，那些在他觉得是工作之外的事情，哪怕只是多干一点点，也会觉得自己吃了大亏；挖井的员工总是将自己的工作延伸到本职工作之外，在干好自己本职工作的同时，总会用积极地心态和发散的眼光去看待自己工作之外的事情，他们会关心企业的声誉或利益，会积极主动地为自己的公司付出自己的时间、精力与智慧。

　　挑水喝的员工大多是斤斤计较的人，因为他们从来都不愿在工作上"吃亏"，所以他们通常看上去都很"精明"，其实却是世界上最愚蠢的员工；挖井的员工因为从不肯在工作上偷懒，所以他们通常看上去好像有点儿"傻"。

但经过一段时间之后，我们都会发现一个不争的事实，挑水喝的"精明"员工很少有人能做出大成就的，而挖井的"傻"员工成就大业者不胜枚举。

之所以会出现这种结果，其主要原因可能就在于：挑水喝的人即使在一个时期薪水领得多，但总有老去的时候，当他们"挑不动"的时候，他们就无法工作了，就会陷入绝境、坐吃山空；而"挖井"的员工目前可能辛苦一些，但挖出的井水却足以受用一生。

其实，在职业生涯中，只要我们愿意以"挖井"的精神去工作，愿意脚步踏实地地付出自己的全部努力，愿意把工作当成自己的事业来做，抱着为企业工作就是为自己工作的态度，那么，每个人都能最大限度地实现自己的职业理想。

[**好高骛远
不如脚踏实地**]

很多人在刚刚进入一个公司的时候，会因为环境不熟悉，工作不顺利，人情冷漠而逐渐丧失工作之初的热情与信心，他们在经历过一些挫折后，往往会认为公司和自己八字不合，非散不可，但不得不说的是，作为一个成熟的员工，不要轻言离开，除非你的工作环境已经糟糕到了极点，否则适应环境远远要比改变环境重要的多。因为适应一个公司的工作环境、工作氛围和企业文化，往往需要几个月的时间，过了这段磨合期，大多数人会慢慢地适应公司的环境，并且自己的才华也会慢慢地展现在老板或者同事的面前，所以作为一个新员工，在一个新的环境中，一定要有耐心，有恒心，不要轻言放弃，而要持之以恒，这样才会得到更多的发展机会。

还有一种情况是可能你会觉得我在公司里待的时间够久了，自己已经足够努力了，可为什么没有给我升职加薪。事实上，每一个员工的升职加薪都会经过公司的一段考核期，这个考核期有长有短，无论长短，这个考核期是每个人所必须面对的，越是在考核期，也就越关键，在这段时期应静下心来，努力工作。假如你做得很好，并且跟同事和老板相处得很融洽，但是老板就是不开口给你升职加薪，可能你正好处在一个被考核的时间。每一个老板都不希望给一个错误的人升职加薪，因为一个不合格的主管造成的损害远远比一个普通的员工影响更大，现在对你最重要的是，再等待一段时间。

我曾经听说过一个小故事。有一名员工觉得自己现在的工作情况简直糟糕透了，上司对他要求苛刻，鸡蛋里挑骨头，同事们总是很轻浮地开自己的玩笑，于是他跟另外一名员工抱怨说："我要离开这个破公司，我实在呆不下去了。"

听到他的抱怨后，这名同事举双手赞成道："没错，这样的公司你一定要好好地报复它，但是现在不是时机。"

这名员工很困惑："为什么还不是时机呢？"

他的同事说："你要是现在离开公司，其实公司的损失并不大，因为你身边的客户资源还很少，你要趁着现在在公司的机会，拼命地多拉一些客户，积累很多的工作经验，然后你带着这些客户离开这家破公司，这时候老板就会损失的更多，就会给老板更残酷的报复。"

这名员工觉得同事说的有理，于是开始努力工作，积累了很多的客户。同事说："你现在可以离开了。"甲轻笑回答说："老总准备升我做总裁助理了，我暂时不打算离开了。"

其实很多时候，许多事情达不到预期的目标不是因为公司或同事，而恰恰是因为自己不够努力，不够用心，因为公司给每一名员工的平台基本上都是一样的，唯一的差别就在于我们自身的努力程度。只要自己愿意去改变，下决心去改变，很多事情都可以解决，很多跳槽的借口也都不再存在。事实上与其用跳槽去逃避我们所遇到的困境，不如去面对它、解决它。

一只猫头鹰在树林里忙来忙去，黄莺看到后不解的问："你在忙些什么呢？猫头鹰大哥。"

猫头鹰说："我在忙着搬家呀。"

黄莺又说："为什么要搬家啊，你不是刚搬来才几个月吗？这里住着不习惯吗？"猫头鹰听到后很愤怒地说："这里的人总是嫌我的叫声难听，所以我要换一个地方住。"

其实我们仔细想想猫头鹰这样不停地搬家有意义吗？无疑是没有任何意义的，无论到哪里，它的声音都是一如从前的难听，假如猫头鹰不改变自己的叫声，它将陷入永远忙着搬家的困境，它就会疲于奔命，痛苦不堪。就像有些员工不从自身找原因，他永远会在职场中当最繁忙的跳蚤。当然这些不是让你无论在什么样的情况下都必须坚持下去，而是要在确定这个企业值得自己为之付出之后再坚定不移地追随。

我们明白作为一名员工并不是不可以跳槽，跳槽本身不重要，重要的是跳槽之前要想清楚其中的利害关系，要弄清楚这次跳槽对自己的好处大一些，还是坏处大一些，这样我们在跳槽的时候才不会显得盲目草率，才会对我们的今后职业规划产生良好的影响。在跳槽之前思考以下几点：第一，仔细地分析自己的性格、爱好、专长、价值取向等，做好自己的职业规划，然后坚定不移地去实施。第二，在起跳之前先确定自己是不是必须要跳，在现在的这家公司真的不能实现自己的职业目标，还是只是自己想跳而已。第三，你要跳去的那家公司真的如想象中那样理想吗？假如不是，你做好忍耐的心理准备了吗？还是打算继续跳下去，直到找到自己满意的工作为止。第四，跳槽最重要的理由是能够达到你职业生涯中的某一个目标，这是跳槽首先要思考的问题。

有很多员工在经历了频繁的跳槽之后就开始后悔了，因为并不都是越跳越好的，有的甚至是越跳越差，到头来才发现原来真正适合自己的是前一份工作。他们愿意用10年的时间跳来跳去，用10年的时间接受无数个老板的审核，可是未等他们的才华真正地施展开或者是未被老板发现，他们便又离开了，然后再去重复相同的故事。他们用10年的时间去做无数份底层的工作却不愿意用5年的时间去接受一个老板的审核，5年的时间享受升职加薪和工作中如鱼得水的快感。

当我们工作不顺利的时候，最好不要先去抱怨，而是要冷静的思考，更不能好高骛远，随意跳槽，我们先要找到自己不顺利的原因，然后努力的改正，毕竟到一个新的公司还要重新去适应，很有可能会是从最底层做起，对个人的发展是极其不利的。

[别太计较
暂时的得失]

在人的一生中，有得总会有失，其实在我们的工作中也是如此，有句俗语说得好：你要想得到多少，就要付出多少，我觉得十分的有道理，在工作中我们往往要面对得失这个问题，比如职位、薪金、各种福利、待遇等，当我们面对这些东西的时候我们应该有一个怎样的心态就显得格外的重要。有时候我们为了得到这些东西也许会失去另一些东西，但是如果我们不去过分看中这些暂时的利益，在以后的日子里我们会得到更大的回报，你又会怎么去做呢？我们要做的就是在这些诱惑面前要进行理智的分析，从而得出正确的结论，进行正确的取舍。

相信大家对郭明义这个名字并不陌生，他是一个普普通通的工人，但也是个很不平凡的人，他曾先后获部队学雷锋标兵、鞍钢劳动模范、鞍山市特等劳动模范、全国无偿献血奉献奖金奖、中央企业优秀共产党员、全国"五一劳动奖章"等荣誉称号，是鞍山市无偿献血形象代言人。2011年郭明义又获得感动中国十大人物光荣称号。

看着这一连串的荣誉，我们不禁会想，一个普普通通的工人，怎么会获得这么多的荣誉，受到这么多人的尊敬和爱戴。其实原因很简单，在工作中郭明义从来都不把个人的得失放在心里，正是这种优秀的品质，让郭明义在以后的人生道路上受益颇多。

我曾经听过一个关于郭明义的小故事。郭明义的工作是在鞍山钢铁集团担任采场公路管理员，负责全矿采场公路的规划设计、检查验收和管理考核，郭明义的这个工作是一个技术性的岗位，很多事情坐在办公室里打个电话就可以完成，没有必要每天都要去工地的，隔些天去趟现场考察督察一番就算勤劳、负责的了。郭明义天生就是一个认真负责的人，他觉得很多事情还是自己亲自去看看才能放心，因此他也就比别人显得更加地忙碌，他从来不计较个人得失，他总是牺牲个人的休息时间亲自到现场进行指挥，直到工作完成之后他才会离开。司机胡松说："人家本来是派来监督我们的，可人家总是和我们在一起干活，而且郭明义也不像别人装模作样，他一旦去干就是真干，而且很卖力干得比咱们还多，咱们还能有啥说的？除了更加努力工作还能说啥呢？""有必要这么做吗？这样做不累吗？"记者这样问郭明义，郭明义淡定地说，"要不这么做，心里就不踏实。自己的这部分工作做不好，就会影响到整个矿区的工作进度，我不能让我负责的这部分工作耽误整个矿区的工作进度。"采场公路是一条条几乎每天都随矿石剥离开挖在不断发生变化、因此修路就变得很重要，没有顺畅的道路做保障，这些矿石即使开挖出来，也无法运出去。从高处远远看去，这些公路就像一幅画一样行云流水般刻画在逐级下沉的矿坑采面上。但当我们走近了，这些路面就没有那么美了，实际上，这些所谓的公路是由碎矿石铺成的临时道路，因此这种道路遇到雨雪天气都能带来一定的破坏，为了保障运输安全，就要不断地进行修缮。为了保证运输的畅通无阻，无论是突降暴雨、暴雪，还是大风刮得人睁不开眼睛，对公路管理员而言，想找个遮风避雨的地方是没有可能的，而且越是恶劣天气，采场公路就越需要维护以保证畅通。

采矿场的工作环境非常艰苦，在那里工作的人都要付出很多的艰辛。采场里的气温，冬天时要比外面低5摄氏度左右，夏天则要高出10摄氏度左右。郭明义在这样恶劣的工作环境中，每天工作10个小时以上，从来都没有叫过苦，喊过累。夏天，毒辣的太阳会把人烤得皮肤过敏，甚至脱皮；冬天，耳朵经常被冻伤。除了辛苦，郭明义这样扎根采场，坚持每天和一线职工奋战在一起，还意味着他将自己放在了高危岗位上，因为他们的工作随时都有意想不到的危险发生。因为要直接参与修路作业，指挥平路机、推土机等修路机具和大型矿用电动轮载重车通行，这些车辆每天都在他身边往来穿行。露天采矿的电动轮载重车是庞然大物，最大的每台自重100多吨，载重190吨，车轮直径达4米，整车高度有6米，有15米左右的视野死角，一些矿山企业曾因此而发生过电动轮碾压面包车、小货车的事故。而郭明义每天都工作在这种庞大电动轮的"身边"。

扎根采场15年，15年如一日，看似简单，却不是每个人都能做到的。郭明义抢着最累最脏最危险的活儿干，坚持第一个到矿场，最后一个离开，制定出的养路技术标准、考核办法等均在国内领先，采场的主次干道路面维护质量逐年上升，星级公路达10公里，公路达标合格率98％。齐大山铁矿连年名列全国冶金矿山企业电铲、生产汽车效率第一名。

看了这个故事，我们才明白郭明义的这些荣誉的获得是靠自己干出来的，给我们印象最深的就是，郭明义作为领导干部，原本可以轻松很多，可是他从来不计较这些，在他的心里公司的事情比什么都重要，个人的利益和公司的利益比起来真是微不足道，正是他的这种精神在鼓舞着他，也鼓舞着郭明义身边的每一个人，我们试想如果郭明义在工作中处处计较个人得失，完全为自己考虑，不但工作干不好，而且也不会得到他周围同事的认可和拥护，更别说得到整个社会的赞扬和尊重了。所以在工作中，还是把个人的得失看得轻一点，把公司的利益和个人的发展看得重一点。这样做虽然个人的利益会受到暂时的损失，但是从长远来看这个社会会从别的地方给你更多的回馈。

[对人讲感情，
对事讲标准]

宋神宗熙宁二年，为了改变宋朝积贫积弱的局面，以著名学者诗人王安石为首的"新党"决定通过变法来实现国家的富强和振兴，变法的主张提出来后，就遭到了司马光为代表的"旧党"的坚决反对。

对于"两党"在变法上的不同立场，苏轼在个人感情上并没有倾向于谁的理由，他同司马光的交情很深，关系很好；对于王安石，他与之同出于欧阳修之门，关系也是非同一般。因此，在这两派势力之间，苏轼不会因为私人感情去偏向任何一方，更不会因为个人感情而去掩饰自己的真实观点，说出违心之论，面对这样一个局面，苏轼也很犯难，但是这个问题自己也不能置之不理，所以如何处理好这件事情，苏轼也做了很多的思考。

在宋神宗的支持下，王安石率领的改革集团，气势很盛，在经济、文化等方面都要一改旧制，推行新法，丝毫不去考虑宋朝社会的实际情况。但苏轼觉得王安石的变法举措无论在具体的改革措施还是在荐举人才方面，都有许多不妥之处，不利于社会安定、经济发展，也不利于朝廷的团结，所以，他对王安石改革的这部分持激烈反对的态度，丝毫不给王安石留任何情面。对于王安石废科举、兴学校的改革措施，尤为不满，他上书给宋神宗说："选拔人才的方法，在于了解人才；而了解人才的方法，在于能考察人才的实际情况，看其言辞与行为是否统一……希望陛下能够考虑长远的事情、大的事情，不要贪图改变旧法，标新立异，乱加歌颂而不顾实际情况。"宋神宗听了苏轼的话，觉得很有道理，便又召苏轼询问说："今天的政令得失在什么地方呢？即便是我的过失，也请你指出来。"苏轼说:"陛下是个天生的明白人,可以说是天纵文武,不怕遇事不理解,不怕不勤恳,不怕做事没有决断,怕的是想急于把国家治理好,办事过于急躁,太容易听别人的话,提拔官员步伐太快,致使一部分没有多少才能的人也得到了重用。希望陛下能采取安静沉稳的态度,然后再慎重处理。变法的事情还要从长计议,不能草率了事,这样会适得其反,对整个国家不利。"

宋神宗听了苏轼的话之后,觉得他对时局的看法很有道理,就接受了他的建议,没有批准王安石废科举、设学馆等新法。

司马光知道了苏轼对于变法的态度以后,觉得苏轼真够朋友,终究还是和自己站到了一条战线上,因此他非常高兴,就认为苏轼是他的一党,对苏轼大加称赞。但不久之后王安石经过对变法措施的修正之后,又大张旗鼓地推行经济方面的新法时,司马光着急了,他紧急搜罗帮手,想阻止王安石的新法。

有一天,司马光找到苏轼说:"王安石敢自行其是,冒天下之大不韪,实在是胆大妄为,我们要联合起来,一起来讨伐他!"苏轼笑笑说:"我知道接下来自己应该怎么做。"司马光以为苏轼还会像从前一样,要坚决反对王安石,自然十分高兴,紧接着追问说:"那么,您打算怎么办呢?是不是要向皇帝上书阻止王安石的变法呢?"苏轼十分严肃地对司马光这样说道:"王安石变法改革时弊,欲行新法,也是为国家、为人民着想,为公不为私,是值得我们学习和尊敬的,另外从大局来看,结合当前国家的需要,新法也有值得称道之处。但其新法,确有祸国殃民之害,我才加以反对。至于你那'祖宗之法不可变'的信条,比起王安石的新法,更是误国害民之根!"

司马光听了,勃然大怒,从此,也恨上了苏轼。

在这场争论中,苏轼本来可以不发表任何言论,两边都不得罪,但是苏轼是一个有原则,有标准的人,他不会说违心的话,不会做违心的事,到最后抱着一颗为国为民的赤子之心的苏轼成了双方攻击的对象,最终在他们的排挤之下被皇帝罢免了。在他离开自己主政的湖州时,百姓夹道相送,失声痛哭,足见其政绩非同一般。

辞官后，苏轼觉得从未有过的轻松。有一天，吃完午饭后，他捧着肚子，问身边的人说："你们知道我的肚子里面装了什么？一女仆答道："都是文章。"苏轼摇头。又一女仆说："满腹都是机关。"苏轼更摇头。只有爱妾王朝云笑笑说："学士一肚皮不合时宜。"苏轼听后，长叹一声说："知我者，朝云也！"

从上面这个故事可以看出处理好感情与原则关系该有多难啊。讲原则能保护大多数人的利益，能办成事，赢得人民的信赖，但也会伤害一些人的利益，得罪一部分身边的人，让你没有好的发展环境；讲感情能笼络人心，创造良好生存空间，但往往为情所困，受情羁绊，又办不成大事。苏l轼如果不是出于为国为民的忠心，把国家人民利益放在第一位，坚持住了这么一个大原则，他就不会两面得罪人，也就不会发出学士一肚皮不合时宜的牢骚了；而他如果随意附和了哪一边，把私人感情放在第一位，他也就不会取得政绩，赢得民心。

古人尚且要面对这种两难的境遇，今天的我们更是如此啊。要为大家办点实事，把这些事实落到实处，就必须讲原则，保护好绝大多数人的利益，任何事物都有两面性，就不可避免地伤害一部分人的利益，而这些人都是你身边工作的同事或者是你的上司和朋友同学，他们要么不支持你的工作，要么出现困难后站在一边看笑话，让你没有良好的工作环境和心情，让你难办事，办不成事，让你失去办实事的信心和决心。所以在面对具体的情况的时候，既要讲人情，又要原则，这样我们才能保全自己，不受伤害。

在工作和生活中难免会遇到各种各样的难题，很多时候保全了人情丧失了原则，维护了标准却伤害了感情，这个问题困惑了很多人，但是却怎么也找不到两全其美的方法去解决它，既然这件事情存在，就有一定的合理性，我们就要想办法平衡好这两者的关系，争取做到人情不丢，标准和原则不丧失。

第三章

好状态来源于好心态

心态就是指对事物发展的反应，即表现出思想状态和观点。不同的人具有不同的心态，世间万事万物纷繁复杂，关键在于你怎样去看待它。一个是正的，积极的，另一个是负的，消极的，这就像钱币，一正一反；该怎么看待，是正或反，取决于你的心态。对于一个相同的问题，持不同心态的人，视角当然也就不同，结论自然也不会相同，不同的结论会让你产生不同的判断和不同的选择，也就在很大程度上影响着你行动的正确度。心态决定一切，一个人有了好的心态，才能勇敢地面对挫折、面对失败，才能不受或者少受干扰，始终保持良好的工作状态。

好心态
才能有好状态

一本叫作《世界是平的》的书中有这样一句话："21世纪的核心竞争力是态度。"这句话给我们传递了一个很重要的信息，那就是积极的心态已经成为无比珍贵的资源，这种资源距离我们很远，也很近，关键是我们想不想去占有这种资源。社会发展到今天，这种资源已经成为是我们每个人决胜于未来不可或缺的心理资本，更是我们驰骋职场最核心的竞争力！

所以现在的企业越来越重视员工良好心态的培养，企业不惜花费大量的资金和精力去对自己的员工进行各种各样的培训，他们觉得员工的工作态度和工作心态远远要比员工的工作能力重要得多，因为好的心态的养成需要更长的时间，比工作能力的提高难度要大得多，能力是硬件，心态是软件，有了好的心态，这个员工也就有了不断取得进步的可能，也就可以为公司创造更多的财富，而这种创造力往往也是极其持久的。

有一个朋友参加工作已经很多年了，总是调整不好自己的心态，在他心里公司是别人的，自己只要当一天和尚撞一天钟就行了，就这样很多年过去了，他还是个撞钟的和尚，没有丝毫的进步，可是我们既然要去撞钟，为什么不去好好撞呢，说不定还能撞个住持干干呢！

终于一天，他觉得自己的工资一直停在原来的水平，就向自己的老板发起了牢骚，老板语重心长地对他说："你虽然在公司的时间和别人一样长，但是你取得进步却比别人小得多，不要总想着从公司能得到多少，还要想着你能为公司带来多少。"

　　这位朋友原本可以在自己精力最旺盛，工作能力最强的时候，通过自己的努力在公司站稳脚跟，开创属于自己的一片天地，但就是破罐子破摔的不思进取的心态，让他错过了一个又一个提升自己能力、提高自己薪水的机会。在工作中，如果时刻保持一种积极向上的进取心态，始终要保持一种无往不胜的战斗力，保持一种渴望进步的紧迫心情，其实，只要努力，我们每个人都能取得自己想要的成功。如果我们不懂得珍惜自己的工作，从而懒惰怠慢、不求进取，那么，我们的结局也会像这个朋友一样。

　　美国成功学院对1000名世界知名成功人士的研究结果表明，积极的心态几乎就决定了他们今后的成功。对比一下身边的人和事，我们就会发现，有的员工是无论在什么样的工作岗位上都能取得骄人的工作业绩；有的员工尽管再同一个岗位上工作了很多年，却连自己的本职工作都做不好。他们唯一的区别，其实就在于对工作态度的认识与否，在于谁更积极、更努力、更认真、更负责，在于谁对待工作是尽心尽力、积极进取，谁对待工作是敷衍了事、安于现状，而不仅仅是聪明才智、业务技能或工作能力上产生的差距。的确，在一个已经制定好规则的范围内，如果你没有改变规则，制定规则的能力，那么，你就要静下心来，去适应这个规则，让这个规则为自己的工作去服务，我们每个人虽然不能决定自己的开始，但是我们绝对可以通过自己的努力去决定自己的未来，而这一切都要从有一个好的心态开始。

　　其实，通过我们的观察，我们不难发现，所有的成功人士，身上都有一个共同的特点，那就是他们大多有良好的心理素质和乐观向上的心态，他们往往踏踏实实，一丝不苟，任劳任怨地从事着一开始看起来起点很低的工作，但是正是这样的优秀品质注定了他们日后的成功。聪明的员工，往往知道自己在某一个特定的阶段该去思考什么，该去做什么，不该去思考什么，不该去做什么，他们往往会时刻保持积极的工作心态，为他们的老板去尽可能多地创造财富，你只有首先让自己的老板得到财富，你才能从老板那里得到你自己的财富，而老板最喜欢的也是这样的员工，这样的员工也是日后老板重点提拔的对象。

在我们进入职业生涯的一开始，我们就要树立正确职业观，这将使你永远立于不败之地。如果我们刚刚到一个地方，就放纵自己，不思进取，眼高手低，怯于担当，甚至像怨妇一样，那么最后的结民避也只能是：不是你炒了老板的鱿鱼，就是老板炒了你的鱿鱼。

所以在我们在面对工作的时候，首先要把这份工作当作我们的衣食父母，我们要怀着感恩的心情，乐观的态度，进取的精神去把它做得更好。

心态
决定一切

　　不同的人具有不同的心态，世间万事万物纷繁复杂，关键在于你怎样去看它。对于一个相同的问题，持不同心态，视角当然也就不同，结论自然也不会相同，不同的结论会让你产生不同的判断和不同的选择，也就在很大程度上影响着你行动的正确度。心态决定一切，绝不是危言耸听。

　　心理学家弗兰克在"二战"期间曾被关进奥斯维辛集中营三年，身心遭受过度摧残。在如此恶劣的环境下，他坚持不懈，研究着那些每日每时都可能面临死亡的人们的动态，包括他自己。日后他按照自己的所见所闻写了《夜与雾》一书。在亲身体验的囚徒生活中，他还发现了弗洛伊德的错误。他竟然反驳了该学派的继承人，自己的祖师爷。弗洛伊德认为：人只有在健康的时候，心态和行为才千差万别；而当人们争夺食物的时候，他们就毫无例外露出了动物的本性。而弗兰克却说："在集中营中我所见到的人，并不是这个样子。虽然所有的囚徒被抛入完全相同的环境，有的人消沉颓废，然而有的人却如同圣人一般越站越高。"在任何特定的环境中，人们还有一种最后的自由，就是选择自己态度的自由。任何自由都可以被剥夺，唯独思想的自由无人可以抢走。

　　那么在职场中我们应该具有什么样的心态呢？下面我就列出几种，供大家参考：

　　1. 学习心态

　　学习是给自己补充能量，只有先有输入，才能有东西输出。尤其在知识经济时代，知识更新的周期越来越短，获取的知识瞬间便会过时，只有不断的学习，才能不断摄取新能量，才能赶上社会的发展。要善于思考，善于分析，善于整合，只有这样才能创新。读万卷书不如行万里路，行万里路不如阅人无数；阅人无数不如名师指路，因此，要多多观察成功者。汲取他们的经验和教训，找出适合自己的方式和方法。

2. 归零的心态

有一首歌曲叫从头再来，即重新开始。第一次成功相对比较容易，因为它往往出其不意。但第二次却不容易，原因是不能归零。有了第一次的成功，就容易陷于喜悦之中，无法自拔。长安集团的总裁，在东方之子接受采访的时候，曾经说过这样一句话，往往一个企业的失败是因为他曾经的成功。事物发展的规律呈上升性和曲折性，即在曲折前进中求发展。用中国的古话，叫风水轮流转；经济学讲：资产重组。电视剧有句道白：生活就是不断的重新再来。因为任何事情都不可能一帆风顺、顺风顺水。不归零就不能进入新的财富分配，就不会持续性发展。

3. 积极的心态

事物永远是阴阳共存，关键是看你拥有怎样一个心态。积极的心态看到的永远是事物好的一面，而消极的心态只看到事物阴暗的一面。积极的心态能否极泰来，消极的心态能延误时机，变好为坏。积极的心态像太阳，照到哪里哪里亮，消极的心态像月亮，初一十五不一样，不是没有阳光，是因为你总低头看着脚下，没有仰头看天，不是没有绿洲，是因为你心中常驻沙漠，干涸枯萎。华尔街致富格言：要想致富就必须远离蠢材，至少50米以外。

4. 付出的心态

付出的心态是一种因果关系。舍得，舍得，先有舍才有得。舍就是付出，要懂得舍得的关系。小舍小得，大舍大得，不舍不得。付出的心态是老板心态。是为自己做事的心态，而打工者的心态是应付的心态。不愿付出的人，总是省钱、省力、省事，最后连同成功也一起省了。

5. 坚持的心态

90%以上的人不能成功，为什么？因为90%以上的人不能持之以恒，跌倒了就爬不起来了。坚持的心态是在遇到困难和坎坷的时候反映出来的，而不是顺利的时候。遇到瓶颈的时候还要坚持，直到突破瓶颈达到新的高峰。要坚持到底，不能输给困难，更不能输给自己。

6. 合作的心态

合作是一种境界。中国历史上自古就有合纵和连横的战略，强强联合。合力不只是简单的加法之和。在这个竞争和合作并重的社会里，成功就是把共同的利益群体组织在一起做事情。

7. 谦虚的心态

既要正视自身缺点，并虚心改正，又要善于吸取别人的优点。虚心使人进步，骄傲使人落后。有句话：谦虚是人类最大的成就。谦虚是华夏儿女的良好品德，应该发扬光大！

8. 感恩的心态

感恩周围的一切，包括坎坷、困难和我们的对手。事物不是孤立存在的，没有周围的一切就没有你的存在。首先要感恩我们的父母，是他们把我们带到了这个世界，看这个世界的五彩缤纷。其次要感恩公司给了我们这么好的平台，让我们得以有自己的舞台挥洒汗水，施展才华。再要感恩我们的伙伴，是大家的共同努力才有我们的成功，要感恩一切。

心态是你取得成功的金钥匙

一个人要想取得成功，单靠高学历、强能力、好出身、好背景是远远不够的，一旦你拥有了这些，你还需要拥有的就是一个良好的心态，良好的心态不但有助于工作和事业的顺利开展，更是你走向成功的金钥匙。

1997年12月，英国报纸赫然刊登了一张英国皇室查尔斯王子与一位街头游民合影的照片。这张照片当时反响很大，悬殊的身份对照令民众猜想很大。其实这只是一段戏剧性的相逢！原来，查尔斯王子在寒冷的冬天去给伦敦穷人送关心时，意外遇见了以前的校友。这位游民，名字叫克鲁伯·哈鲁多，他看到国王说："殿下，我们曾经就读同一所学校。"王子反问，在什么时候？他说，在山丘小屋的高等小学，他们两人还曾经互相取笑彼此的大耳朵。王子的同学竟然落到沦落街头的境地，要不是这段无奈的人生巧遇，他几乎无法想象。曾经，克鲁伯·哈鲁多出身于金融世家、出身显赫的他就读贵族学校，后来成为作家。老天爷送给他两把金钥匙——"家世"与"学历"，让他有捷径快速进入成功者的俱乐部。但是，在两度婚姻的失败对他打击甚大，致使克鲁伯开始酗酒，最后由一名作家变成了街头游民。我们不禁要问，打败克鲁伯的是婚姻两度失败吗？不是，而是他的心态，那种脆弱不堪一击的心态。从他放弃"正面"的态度那刻起，就此注定他将输掉了一生。

在台湾经济极不景气的时候，很多建筑师傅没工作可糊口，但吴清吉的工作却已排到了明年。他常年在鸿禧山庄、阳明山、台北市信义计划区等地的豪宅打转，为副总统、部长、大老板们的房子忙碌。他的名声常年在外，即便他的价格高、要等待的时间很长，但工作仍然应接不暇。

吴清吉一个只有国小学历、年近六十岁的蓝领工人，这样的硬件似乎薄之又薄，本来应该是职场竞技场的被淘汰者，然而却一反常态，竟然炙手可热。他的成功究竟在哪，不像克鲁伯能与查尔斯王子读同样的贵族学校，但他拥有另一把更可贵的人生金钥匙，追求一百分的工作心态。正是他的心态改变了吴清吉的人生下半场。吴清吉与克鲁伯·哈鲁多，两位年龄相仿但分住在地球两端的人，因为心态的不同，而南辕北辙地改变了人生。

心态是什么？如果家世与高学历是迈向成功者俱乐部的前两把金钥匙，心态就是最关键的第三把金钥匙！没有前两把固然不好，但是没有第三把却是致命的。

你的人生拥有几把金钥匙？如果拥有第一把与第二把金钥匙的机会已经失去，那并没有给你判刑，其实最为重要的是取得第三把金钥匙的主控权，这个却在你自己。

一样是做牙医，不同的心态，有不同的收获。有的人就是应付敷衍，而有人把牙医的服务能够做到五星级。位于台中的永丰栈牙医诊所，是一家被赞誉为"看牙可以很快乐"的诊所，院长吕晓鸣医师动情地说："看牙医一定是痛苦的吗？我与我的创业伙伴想开一个让每一个人快乐、满足的牙医诊所。"在这样的态度理念的指导下，又通过细心地考虑患者真正需求，让永丰栈和一般牙医诊所的确大不一样。30坪左右的宽敞舒适的等待区，看牙前，与轻柔的音乐声相伴，坐在沙发上，啜饮一杯沁人心脾的咖啡。看牙过程中，还可以感受到硬件设计的贴心：每个会诊间宽畅明亮，一律设有空气清新剂。就连漱口水也很讲究，是经过逆渗透处理的纯水。只要是第一次挂号看牙，护士一定会替病患者拍下口腔牙齿的全景X光片，最后还免费洗牙加上氟，一家人来的时候，有一间供全家一起看牙的特别室。他们这里不仅硬件设备先进，软件服务也很到位。一位残障人士陈国仓到永丰栈拔牙，晚上回家正在洗澡，听到电话铃响，听到是永丰栈关心的电话，他感动得热泪盈眶："这辈子我都被人忽视，从来没有人这样关心过我。"吕晓鸣的心态为他赢得了广阔的市场，也增强了竞争力。同时创造出了牙医的附加价值。

心态不仅决定专业人员的事业高度和上升空间，也会决定其他工作者的人生价值。"现在专业知识很容易就可以学到，甚至在网络上就可以学到制造核弹的方法，在这样的情况下，态度就更显重要，它已经成为决定员工价值的关键。"台湾飞利浦人力资源中心副总经理林南宏肯定地指出。

相对之下，却有很多白领上班族不愿去调整和改变自己的不良心态，放弃态度的金钥匙，在职场里浮沉，让自己空有学历、能力的优势，甚至沦为失业大军中的一员，不能不令人惋惜。

勇敢地
面对挫折

很多人告诉自己："我已经做了很多尝试，不幸的是我失败了，我已经尽力了。"其实他们并没有搞清楚失败的真正含义，也不知道该如何去面对挫折。

人的一生中都不会是一帆风顺的，遭受挫折和不幸在所难免，只是或多或少，不同而已。成功者和失败者非常重要的一个区别就是，失败者总是把挫折当成失败，从而使每次挫折都能够深深打击他追求胜利的勇气，这样下去，挫折多了便将自信丧失完了；成功者则是从不言败，在一次又一次挫折面前，总是对自己说："我不是失败了，而是离成功越来越近。"一个暂时失利的人，如果鼓足勇气，继续努力，那么他今天的失利，就不是真正的失败。相反地，如果他失去了再次战斗的勇气，那他就是真的输了！

美国著名电台主持人莎莉·拉菲尔也曾遭遇坎坷，曾被辞退过18次。在最开始，美国大部分的无线电台普遍认为女性不能吸引观众，所以在招聘中，存在歧视女性的现象。几乎没有一家电台愿意雇用她。她费尽周折，才在在纽约的一家电台谋求到一份差事，最终却被辞退了，说她跟不上时代的发展。她并没有因此而心灰意冷，在总结了失败的教训之后，毅然向国家广播公司推销她的清谈节目构想。国家广播公司勉强答应了，但提出的条件是要她先在政治台主持节目。"我对政治所知不多，恐怕很难取得成功。"她也一度犹豫徘徊，但很快便坚定信心，准备大胆去尝试。她对广播了解的比较多，决定利用自己平易近人的作风。她先从自己出发，大谈即将到来的7月4日国庆节对她自己有何种意义，还请观众打电话来畅谈他们的感受。听众立刻对这个节目产生了兴趣，她"抛砖引玉"的作用起到了，因此而一举成名。如今的莎莉·拉菲尔已经发展为自办电视节目的主持人，曾两度获得重要的主持人奖项。她说："我被别人辞退18次，如果早些时候被这些厄运吓退，就做不成我想做的事情。结果却是这些失败鞭策我勇往直前。"

张海迪5岁时就高位截瘫了，因此造成她无法上学。她便在家中自学完成了中学课程。15岁时，张海迪跟随父母，到山东聊城农村，当了一名乡村老师。除了教书育人，她还自学针灸医术，为乡亲们免费治病。后来，张海迪又当起了无线电修理工。她没法进入校园，却在家里自学了大学英语、日语和德语，并攻读了大学和硕士研究生的课程。1983年张海迪又开始从事文学创作，先后翻译了数十万字的长篇英文小说，编著了《生命的追问》《轮椅上的梦》等书籍。并且获得很多大奖。1983年，她在《中国青年报》上发表了《是颗流星，就要把光留给人间》，从此张海迪名声大振，她的事迹流传很广，获得两个美誉，一个是"八十年代新雷锋"，一个是"当代保尔"。张海迪心怀"活着就要做个对社会有益的人"的信念，以保尔为榜样，无私地把自己的光和热献给人民。她以自己的言行，回答了亿万青年非常关心的人生观、价值观等问题。邓小平亲同志笔题词："学习张海迪，做有理想、有道德、有文化、守纪律的共产主义新人！"

这两个例子再次向我们展示了人生路上充满坎坷，尤其是那些著名人物背后，更有比常人更多的打击和困难，因为"天将降大任于斯人也，必先苦其心志，劳其筋骨，饿其体肤……"其实在遇到荆棘和困难时，也同样是考验和机遇，坚强的人面临挫折，不畏不惧，努力克服，变失败为成功；懦弱的人，面对困难，战战兢兢，一蹶不振，甚至逃之夭夭，自塞机遇，最终招致失败。作为年轻人，面对苦难和挫折的挑战，应该大胆向前，精心化解，只有这样，才能走向成功。

[　　要勇于
　　接受现实　]

接受现实是解决问题的第一步，现实是残酷的，也是不以我们个人意志为转移的，我们只能面对它，而不能逃避它。在人的一生中会遇上无数困境，工作上更是如此。如果你的解决方式是逃避的话，困难也不会因为你的逃避而远离你，困难将会一次又一次地造访你。逃避解决不了任何问题，我们必须勇敢地面对遇到的所有困难，勇敢地接受现实的挑战。敢于面对现实的人才是一个真正勇敢的人，才是一个能够办大事的人，能够冲破艰难险阻，取得最后胜利的人。

在第二次世界大战那段最黑暗的时期，整个欧洲大陆和北非都处于纳粹铁蹄的蹂躏之下，此时希特勒正集中优势兵力对英国作战。由于实力悬殊，在当时，几乎全世界的人都认为英国这次肯定完了，他们一定会向希特勒屈服。但当时的英国首相丘吉尔一直坚信：英国人最终是能取得胜利的，因为英国是一个伟大的国家，它有千千万万个敢于面对困难，迎接挑战的人民。面对纳粹的战争威胁，丘吉尔向全英国人民表示："我们下定决心，一定要将希特勒的纳粹统治摧毁。对于这一点，什么也不能改变我们，决不！我们决不屈服！决不向希特勒或他的党羽妥协！……"

即使有这样大胆的宣言，丘吉尔也没有忘记要面对最严酷的现实。为了让消息真实地传到自己手中，战争刚刚开始的时候，丘吉尔除了从常规渠道获得战争的消息外，他还建立了一个完全独立的部门——"统计局"。整个战争时期，丘吉尔就是依靠"统计局"获得了最新、从未加工过的真实战况，从而对整个战场的形势做出了正确的决策，最终战胜了入侵的纳粹分子。

尽管这是过去很久的历史事件了，但并不妨碍我们将其中的道理应用到其他的领域。对于一个人而言，勇于接受现实是负责任和敬业的表现。勇于接受现实就是像勇士一样去努力工作，出色地完成任务，它体现了一个人对自己职责和使命的态度。思想影响态度，态度影响行动。一个勇于接受现实的员工，肯定是一个能够履行自的职责的员工，他的工作效率一定会超出常人，工作质量更是好得让人佩服。

一位公司主管经过长期的观察得出这样一个结论：高效率的优秀员工其看法很少有相同的时候，一个人深信不疑的事，另一个人却心存怀疑。他们当中只有一个共同的特性——敢于面对现实，不安于现状，愿意冒险。

不要以为面对现实就是打开潘多拉的盒子，其实没有那么糟糕。事实表明，勇于面对现实不仅会带给你强劲的工作动力和负责精神，还会给你一个高绩效的未来。

克莱曼是美国一家人寿保险公司的业务员。由于当时美国正遭受历史上最为严重的经济危机，在这样一个特殊的时刻，克莱曼的保险业务开展的非常艰难，再加上他性格腼腆，被客户拒绝一次之后，就再也不敢登门拜访，因此他的业绩一直处于一个很低的水平。那个时候，克莱曼最关注、最担心的是下个月是否会失业，已经完全没有心思去考虑如何才能提高自己的业绩了。

"年轻人，你认为在未来的三个月内，你的工作成绩会上升到什么程度？"一天，公司经理问克莱曼。

"哦，具体的我没有想过，但我通过努力肯定会让您满意的。"克莱曼小心翼翼地回答道。

"这我也相信，"经理回答道。"可你想没想过怎样对待阻碍你工作进展的问题呢？"

"经理……我没有这样想过。"克莱曼低声回答。

"没有想过现在就要好好地想一想。"经理严肃地说道，"不管你打算把自己的工作做到何种水平，只要你肯做，你就会做到。每一个人都可以取得良好的成绩——不管情况多么艰难——只要他肯敲门、肯尝试、肯努力！"

就是因为这次谈话，保险公司的裁员名单上少了克莱曼的名字，而多了一位高绩效的优秀员工——一位曾把每个客户的门敲响数十遍的人。

在工作中遇到麻烦和困难是非常普遍的事情，很少有工作是一帆风顺的，在我们开始面对这些难度很大的工作时，认真地找出那些阻挡你的障碍是相当有必要的，这可以减少你在工作过程中的阻力，能让你的工作变得简单起来。但要想在工作前就把所有的阻力都完全清除掉是不太可能的，在这一点上要有充足的心理准备。优秀员工并不是工作前就解决了所有的问题，任何人都做不到这一点，因为问题是随着工作的进展而不断产生和变化的。事实上，优秀员工不管从事什么行业或什么活动，遇到麻烦都会立刻想办法处理，他们的这一举动就像前进中遇到沟壑就跨过去一样自然。

所以，现实面前我们必须低头，要敢于承认，勇于接受，如果你逃避现实，那么问题就永远也得不到解决，而且这个问题也不会因为你的逃避而消失，反而会越来越严重，最后恶化到无法解决的地步，到头来损害的还是自己的利益。

平衡自己内心，知足才能常乐

有这样一个小孩，大家都觉得他很傻，因为如果有人同时给他5毛和1元的硬币，让他做选择，只能要一个。在这种情况下，他总是选择5毛，而舍弃1元。有个人不相信，就拿出两个硬币，一个1元，一个5毛，叫那个小孩任选其中一个，结果那个小孩毫无例外地挑了5毛的硬币。那个人问这个孩子："你是不是不会分辨硬币的币值吗？"孩子小声说："我认识，只是如果我选择了1元钱，下次就不会有人跟我玩这种游戏了！"这就是那个小孩的聪明之处，用貌似愚蠢的行动却收获了最大的利益。

因此，在现实生活中，我们不妨学学那个"傻小孩"——舍弃1元，而取5毛！而更多的人在社会上，却常抱着一种不拿白不拿，不占白不占的心态！殊不知，你的贪已经损害了他人的利益，造成他人对你的极大反感。或许他人可以容忍你的行为，不在乎你的贪，但如果你懂得适可而止，他人会对你有更好的印象与评价，因此愿意延续和你的关系，你便从中可以获得比贪来得更多的东西。

欲望的永不满足，不停地催促着人们追求物欲的最高享受，然而过度地追逐利益往往会使人迷失生活的方向，因此，凡事适可而止，才能把握好自己的人生方向。

几个人正专心致志地在岸边垂钓，旁边的几名游客在欣赏海景。忽见一名垂钓者竿子一扬，钓上了一条大鱼，足有一尺多长，落在岸上后，还腾跳不止。这条鱼既大又鲜，让很多人羡慕。可是垂钓者却用脚踩着大鱼，解下鱼嘴内的钓钩，顺手将鱼丢进海里。围观的人发出一片惊呼，感觉不可思议，这么大的鱼难道还不能令他满意，不禁议论纷纷。垂钓者鱼竿又是一扬，这次钓上的还是一条一尺长的鱼，垂钓者仍是不看一眼，重复前面的动作，围观的人更是一片哗然……第三次，垂钓者的钓竿再次扬起，钓线末端钩着一条不过几寸长的小鱼。众人以为这条鱼也肯定也会被放回海里，不料垂钓者却将鱼解下，小心地放回自己的鱼篓中。众人百思不得其解，就问垂钓者为何舍大而取小。垂钓者坦诚地回答："哦，因为我家里最大的盘子只不过有一尺长，太大的鱼即使钓回去，盘子也装不下。"

在经济发达的今天，对利益的追求已经达到了白热化。像垂钓者这样舍大取小的人是越来越少，与此相反的现象——舍小取大的人却比比皆是。

法国人从莫斯科撤走后，一位农夫和一位商人急忙在街上寻找财物。他们立刻发现了一大堆未被烧焦的羊毛，两个人都很惊喜，各分了一半捆在自己的背上，准备回家。归途中，他们又看到了一些布匹，农夫将身上沉重的羊毛扔掉，换上又轻又好的布匹；贪婪的商人把农夫丢下的羊毛和剩余的布匹统统捡起来，重负让他十分劳累、行动缓慢。走了不远，他们又发现了一些银质的餐具，农夫立刻把布匹扔掉，捡了些较好的银质餐具背上，而贪婪的商人却因沉重的羊毛和布匹压得他无法弯腰而眼睁睁失去。过了一会，突降大雨，饥寒交迫的商人身上的羊毛和布匹被雨水完全淋湿了，跟跄着摔倒在泥泞当中，却无力爬起；而农夫却一身轻松地回家了。他变卖了所有的银质餐具，生活从此富足起来。

大千世界，万种诱惑，什么都想要会累死你，过度的欲望只能使你疲惫不堪，即便是费劲千辛万苦才得到，也终因形神憔悴而无福消受；所以该放就放，你会轻松快乐一生。贪婪的人往往很容易被事物的表面所迷惑，甚至难以自拔，结果却一无所获。事过境迁，后悔晚矣！

一次，一个猎人捕获了一只能说70种语言的聪明无比的鸟。

"放了我，"这只鸟说，"我将给你三条忠告作为补偿。"

"只要你先告诉我，"猎人回答道，"我发誓我肯定立即放了你。"

"第一条忠告是，"鸟说道，"做完一件事后千万不要懊悔。"

"第二条忠告是：如果有人告诉你一件事，你自己认为是不可能的就别相信，要相信自己的感觉。"

"第三条忠告是：当你爬不上去时，别浪费力气往上面爬。"

然后鸟对猎人说："该放我走了吧。"猎人履行承诺，将鸟放走了。这只鸟飞起后落在一棵大树上，又向猎人大声大喊："你真愚蠢。你放了我，在我的嘴中有一颗价值连城的大珍珠。正是由于这颗珍珠才使我变得这样聪明。"这个猎人顿时反悔，很想再捕获这只鸟。他跑到树前开始爬树。但是不幸掉了下来并摔断了双腿。鸟嘲笑他并向他喊道："你真是个笨蛋！看来，我刚才告诉你的忠告你全忘记了。首先，我告诉你一旦做了一件事情就别后悔，而你却后悔放了我。其次，我告诉你如果有人对你讲你认为是不可能的事，就别相信，而你却相信像我这样一只小鸟的嘴中会有一颗很大的珍珠。最后，我告诉你如果你爬不上去，就别强迫自己去爬，结果反而掉下去摔断了双腿。这个箴言说的就是你：'对聪明人来说，一次教训比蠢人受一百次鞭挞还深刻。'"说完，鸟飞走了。

人因贪婪常常会犯傻，什么蠢事都会干出来。贪婪是一种不正常的欲望，所以完成它就是一个不理智的追求过程。这种不理智往往把人引进歧途而无法自拔。所以我们要时时刻刻平衡自己的内心，知足常乐，把握拥有的不要失去，无须惦记那些不切实际的好处。有时候适度地放手，是一种宽容和涵养，是一种如释重负。不是所有的得到都是好，不是所有的失去都是坏，切记切勿贪婪。

第四章

工作要有激情，
效率就是生命

　　一个人要想做好一项工作其实并不难，难的是长期一如既往地做好这项工作。要想长期处于一个积极上进的工作状态，就要拿点激情出来。我们在工作中，会面对各种各样的困难，当我们面对这些困难的时候，往往要做出一些判断，做出一些决定，以寻找正确的方法去完成自己的工作。在我们的职业经历中，我们为了自己的发展要做出这样或者那样的决定，所以一定要把握好正确的方向，拿出自己最好的工作状态，要想方设法地提高工作效率，要明白自己最想要的是什么，自己应该选择什么。

[
工作要拿点
激情出来
]

我们生在这个充满激情的年代里，长在这个跌宕起伏的社会里，人生的成败与工作激情息息相关。没有燃烧的激情，不仅不能使自己的事业大展宏图，人生也会因此而暗淡无光。拥有燃烧的激情不容易，保持长久的激情更不易。面对工作中的困难、问题与压力，不少人以各种各样的借口压制了激情，选择过着平庸无奇的生活。

要创造永久的辉煌，就应该"剿灭"各种各样的借口，让生命的激情不断燃烧！要想成就辉煌的事业，就要有燃烧的激情。如果问什么是工作的最好动力，毫无疑问是激情。激情可以促使一个人努力创造事业的辉煌，最大限度地实现人生价值。观察一下那些成功的人，你会发现他们有一个共同点：激情饱满，斗志昂扬！

有一名成功人士，年仅33岁就已经掌管了一个年销售额达20亿元的企业。我问他成功的秘诀是什么？他认真地回答说："永葆激情。"

从每天早上6点30分起床，房间里就荡漾着贝多芬的《命运交响曲》。在激昂的乐曲声中，他向自己暗示："新的一天又开始了，你要用全部的激情去迎接和拥抱它！"无论是处于巅峰还是低谷，这样积极的自我心理暗示，给了他不畏挫折、勇往直前的勇气。

遗憾的是，大多数人的工作状态却呈现这样的状态：工作一年，干劲冲天；工作两年，心不在焉；工作三年，混一天是一天。"面对这么机械的工作，傻瓜才会有激情"……这些似乎成了合理的借口。但对生命而言，这样下去，肯定是一无所获。仅能维持平庸的生活，和外加徒增心灵的烦恼罢了！

凤凰卫视总裁刘长乐在与当代高僧星云大师对话时，就格外强调：凤凰卫视企业文化的要诀之一，就是从领导到员工都永葆激情。他生动形象地表述说："凤凰卫视就是一个'疯子'带着500个'疯子'。"

人类因心怀梦想而伟大，因追求梦想而实干。动物只为生命所必需的食物而拼搏追逐，而人，却懂得为遥远的星辰——那毫无功利主义的光线所激动不已。毛姆曾经说过："假如你非最好的不要，十之八九能如愿以偿。这可能是我们做事的因，也是成事的果。"

可能很多人都会说，谁愿意一上班就无精打采，谁愿意一遇到困难就往后退，我也希能够激情面对，我也希望轰轰烈烈，可问题是我到哪里去寻找激情？有一点需要特别提醒，那就是永远别指望激情主动来找你，激情的源泉在每个人自己的心里。还有很多人说："我也明白工作的价值和意义，但我已经到这个岁数了，为时已晚，江山难改，本性难移了，就得过且过吧。"其实只要你愿意改变，什么时候都不晚。哪怕今天是工作的最后一天，也起码还有8小时属于你。重视生活品质的你有没有想过，工作也需要品质。没有品质的工作，就像没有品质的生活一样，不过是虚度和浪费时间罢了。而激情，就是提升工作品质最好的途径。

我不由得想起了中央电视台著名主持人敬一丹，她33岁才进入中央电视台经济部工作，对于主持人这个行业来说，这样的年龄已经偏大，她在看着镜中渐渐老去的自己，内心的危机感和失落感与日俱增。而就在这时母亲的一句话打开了她的心结，母亲说："每一个人都不可避免会变老，有的人只是变得老而无用，可是有的人却会变得有智慧、有魅力，这种改变不是最好的吗？"母亲的这席话让敬一丹豁然开朗。她决定调整心态，重新拥抱工作的热情，拥有激情的她让领导也越来越放心把挑大梁的重任交给她。

就像敬一丹说的那样："年龄对一个人来说，可以是一种负担，也可以是一种财富。"有的人老是老态龙钟，雪上加霜；而有的人却是老顽童，精神抖擞，越发年轻，那些岁月和经验积累下的智慧沉淀，使他们更懂得该如何不负生活，该如何去充满激情地生活。

这世界上有20岁的"老头"，也有80岁的"年轻人"！当你缺乏激情，其实你的心已"早死"难免未老先衰；当你激情不灭，你就青春永驻，永远都是职场上的常胜将军。

[选择正确的
工作方向]

人们常说女怕嫁错郎，男怕入错行，可见选择正确的工作方向对我们来说很重要，说的具体一点，在我们的工作中，我们会面对各种各样的困难，当我们面对这些困难的时候，我们往往要做出一些判断，做出一些决定，寻找正确的方法去完成自己的工作。

在我们的职业经历中，我们为了自己的发展往往要做出这样或者那样的决定，但是我们在很多时候做出的选择往往不完全都是正确的，我们之所以选择错误，是因为我们不知道自己最想要的是什么，自己应该选择什么。

这在一个人的职业选择中就体现得更加明显。

很多人认为自己无法了解自己到底适合做什么工作，只好换来换去，希望能在过程中找到自己的兴趣所在，但许多年过去了，仍然很迷惑。所以我们要认真选择，否则你根本不知道这个世界上哪片土地适合你生长，什么样的环境适合你发展。和企业发展是一个道理，方向比速度更重要，在没有选择对明确的方向以前，单纯地谈速度是没有太大意义的，甚至有时等待优于行动。没有明确选择的行动就是我们平时所说的瞎折腾，瞎折腾的结果就是无序，无序导致无效。

在这个世界上，取得成功的道路有很多，但我们要明白的是：所有的道路不是别人强加给你的，而是你自己深思熟虑的结果。你今天的选择就决定了你今后努力的方向和奋斗的目标。同样你有什么样的职业选择，你就拥有什么样的职业生涯。你今天的现状是你几年前选择的结果，你今天的选择决定你几年后的职业状况，所以一旦做出了选择就要对自己的选择负责任，并为之付出艰辛的努力。

　　成功者与失败者的区别很大程度上在他们开始的时候就显示出来了，因此我们经常能够看到一些基础相差无几的人由于选择了不同的方向，之后的发展就会产生很大的变化。人们之所以做出了错误的选择，就是因为对当时的情况没有进行认真地分析，没有做出正确的判断，就如同我们在考场上遇到自己不会做的选择题，只能根据自己的判断去瞎猜。

　　晋惠帝时，有一年闹大饥荒，官员向他汇报百姓无粮可吃，饿死了很多人。这位皇帝很惊讶地问道："他们为什么不吃肉呢？"

　　这个皇帝不了解当时社会的行情，才问出了这样愚蠢的问题，我们选择工作方向时，首先要对当今社会做一个全面深刻的认识。

　　这正如一些职业生涯规划专家很随意给别人的职业选择开出药方：如果不喜欢自己现在的工作，那就去做自己喜欢做的事情吧。这话说起来简单，但是做起来难。

　　职场生涯是很现实的，每个人都要对自己的职业生涯做出一个长期的规划，接下来就要按照这个规划去实现自己的职业理想，当然，在今后的具体工作中，也会有现实和自己的规划相冲突、相违背的时候，如果出现这种情况，我们也不能生搬硬套，我们要灵活机动地对自己的职业规划做出一些合理的调整，而不是明知不可为而为之，结果只能是以失败告终，挫伤自己的积极性。在职业生涯发展的过程中，选择是一个连续的过程，你很难一下子就做出完全正确的选择，但要学会选择正确的方向。在生涯之初或者遭遇职业困境的时候，或许你的个人选择余地非常狭小，甚至不能完全自主地做出决定，但是有志者自有千方百计，无志者只感千难万难。无论如何，把握有效的选择权，把你的职业路径逐渐导向一个正确的方向是非常重要的。只有这样，在职业发展的长征路上，你的路才会越走越宽，你在职场的选择余地也才会越来越大，并最终达到真正的职业自由。

有三个人，要被同时关进监狱，时间都是三年。事前，监狱长答应满足每个人一个要求。美国人爱抽雪茄，要了三箱雪茄；法国人浪漫，要了一个美丽的女子相伴；犹太人则要求给自己安装一部电话。

三年很快就过去了，美国人从烟雾缭绕中走了出来；法国人出来时，怀里抱着一个孩子，旁边女人的手里牵着一个孩子，肚子里还怀着一个孩子；犹太人出来后，紧紧握住监狱长的手说："谢谢监狱长，三年来，我天天与外界联系，生意丝毫没有受到影响。虽然我人在监狱，却一样赚了不少钱。"

很难说三个人的选择孰对孰错，因为他们的选择只是每个人不同价值观的反映而已，他们每个人只是根据自己的价值观选择了自己所认同的生活方式。

我们在选择自己的职业和未来工作方向的时候，往往会从自己的价值观出发，我觉得较为正确的做法就是要立足现实，先讲稳妥后图发展，如果某个工作暂时不会给自己带来多少实际的经济效益，但是会对自己未来的发展具有很大的帮助，我们不妨在这个方向上坚持一下，或许风雨之后就是彩虹。

工作 不要拖沓

在工作中我们常常会遇到这样的情况，我们会因为各种各样的原因和借口，明明知道是一件很重要的事情，也往往一直拖着不做，得过且过，直到领导问我们做的怎么样的时候，或者是已经临近最后截止期限的时候，我们才会去把他完成，其实很多时候我们这种工作方法产生的实际效果，往往是无法令人感到满意的。

工作拖沓是许多职场人士都存在的问题，其实这个问题是不难解决的，这个问题的关键在于我们的内心，就看我们想不想去做罢了。每个人身上都有惰性，这点不必自责，想方设法去克服这种惰性才是最重要的。我觉得强制性让自己服从一种计划会治好你的"懒"病。比如给自己定计划，每天要做的事情一定要做完，就算拖到深夜也要做完。一个会安排自己工作的人，是一个善于计划的人，他会每个星期把自己要完成的事情都统计一下，写一个简单的工作计划，然后按照事情的轻重缓急去一件一件地完成，慢慢地让自己能把有效的时间利用起来。今天的事情今天一定完成，有时候即使自己不愿意去做，也要强制着自己去完成，虽然这种强制性工作会让自己觉得痛苦，但是时间长了之后，你就会慢慢地改掉身上的这种惰性，在工作中就不会拖沓了。

28岁的成佳佳职位是市场部的主管，她的工作职责是负责公司的促销活动，毫无疑问，她的工作应该是非常忙碌且相当繁杂的。然而在她的身上也有一种拖沓的习惯，在任务下达的前几天，她总是显得很清闲，觉得自己的时间还很充足，懒得去做准备，只有到活动要开始的前两天，她感觉实在不能再拖了，再拖下去自己就是长了三头六臂也无法完成的时候，她才像疯了一样联络商场、备货、催促销员。往往到了最后一分钟，她才搞定所有的事情，让悬着的心放下。显而易见，她的工作方法是不可取的，经常会因为时间仓促而准备不足，活动中就会暴露出很多的问题。所以在工作中合理安排自己的时间就显得尤为重要，在我们有充足的时间去准备一项工作的时候，我们要把这些时间合理地利用起来，绝对不能前松后紧，或者是前紧后松，这样都会导致我们准备不足，忙中出错，给公司带来损失。

其实，成佳佳只不过是习惯性拖沓者中的一员，在我们生活中有20%的人过着拖沓的生活。别以为他们没有责任心或者是懒惰，实际上他们往往更为焦虑，因为他们知道，拖沓危及了自己的前途，搅乱了内心的平静，但是他们仍然会重蹈覆辙。

以前我们大多数人认为工作拖沓的人只是因为他们不会安排自己的时间，其实很多情况下并不是这样的，心理专家一针见血地指出了他们问题的症结——拖沓不仅是因为他们没有效率、懒散，拖沓很多情况下是与他们的心理有关，要克服拖沓就必须从纠正自己的心理开始。在工作中拖沓的人其实在悠闲的时候心理上的压力也是存在的，他们在玩的同时，还要想着工作，结果自己没有玩好，也没有把工作做好，到头来受苦的还是自己。

不难看出，拖沓是一种自我折磨。加拿大渥太华卡顿大学的心理学副教授蒂姆·彼齐尔博士曾经做过这样的调查：他找了100名自认为有拖沓问题的公司职员进行研究，并在他们任务期限前的最后一周进行了跟踪调查。起初这些人说他们有焦虑感和内疚感，因为他们还没有开始做他们的"作业"。这时，他们会安慰自己：我在压力之下的工作表现会更好；晚一点也没什么的……不过，一旦他们开始着手做工作，他们便表现出了更多的积极情绪，他们不再悲叹时光的流逝，也不会说压力有助于他们工作。

那么怎样克服自己在工作中喜欢拖沓的坏习惯呢？我觉得可以从以下几

个方面入手：

1. 设定更具体的目标

如果你的计划是在以后的日子里减肥，那么这个计划很可能就会半途而废。但如果你的计划是我每周六早上起来跑步，那么这个计划很可能就会坚持下来。在很多时候，我们不妨把大的目标进行一下分割，然后就会产生一些相对简单的小目标，这些小目标会让我们更有信心，我们也很容易完成它，这样一个个小目标实现了，大的目标就自然而然地完成了。

2. 不要给自己太长时间

心理专家研究发现，花两年时间完成论文的研究生总能给自己留一点时间放松、休整。那些花三年或者三年以上写论文的人几乎每分钟都在搜集资料和写作。所以，有时候工作时间拖得越长，工作效率越低。

3. 压力之下未必有勇夫

不要迷信"重压之下必有勇夫"这句话，在很多时候这句话都是不成立的，因为当我们感到压力很大的时候，往往也是完成一件事情最困难的时候。

4. 做事有选择性

如果你是个完美主义者，请只在真正重要的事情上全力以赴。你发每封电子邮件时不一定要字斟句酌，但是呈交老板的计划书却要周详细密。

5. 寻求专业人士的帮助

如果你拖沓的毛病经过很长的时间还是没有改变，不妨找专业人士进行一下心理咨询，或许能从他们那里找到解决问题的方法，但是千万不能任其发展，这样只能是害了自己。

学会提高自己的工作效率

在工作中你是不是会觉得，自己已经很努力了，但还是取得不了什么成效，工作效率仍然很低，那么，你可能不是工作不努力，而是没有掌握提高工作效率的正确方法，在无意中浪费了你的生命。下面的建议不是万能的"灵丹妙药"，但可以给你提高自己的工作效率提供一些有益的参考：

1. 把所有工作划分成"事务型"和"思考型"两类，分别对待

我们平时做的工作大致可以分为两大部分：第一部分是"事务型"的工作，这种工作不需要你动脑筋，可以按照固定的流程按部就班地做下去，并且不怕干扰和中断；第二部分是"思考型"的工作，这类工作则必须你集中精力，一气呵成，一旦中断，就要重新再来。对于"事务型"的工作，你可以安排在时间相对分散，或者是空余时间来进行；而对于"思考型"的工作，则要安排在一段非常完整的时间去集中完成。"思考型"的工作，除了我们要集中去处理之外，我们还可以利用平时的零碎时间去进行思考和准备：比如吃饭的时候想，睡不着觉的时候想，在路上想，上厕所的时候想。当你的思考累计到一定时间后，再安排时间集中去做，你会发现，成果会如泉水一般，不用费力，就会自动地汩汩而来，你要做的无非是记录和整理它们而已！

2. 每天定时完成日常工作

如果你每天的工作都非常琐碎，比如这些工作包括查看电子邮件，和同事或上级的交流，浏览你必须访问的公司规定的网站和论坛，打扫卫生等。这些常规的工作杂乱而琐碎，如果你不认真对待，这些工作随时就会来到，使你

无法专心致志地完成其他的任务，或者会由于你的疏忽带来不可估量的损失。处理这些日常工作的最佳方法是定时完成。在每天预定好的时间集中处理这些事情，这样你就不用再花费时间重新做类似的工作，就能给自己节省出来大段的时间，从而保证其他工作的顺利完成。

3. 列出工作计划，并且用明显的方式提示你完成的进度

在工作中要制定详细的工作计划，这种计划并不是为了向你的领导汇报，也不是为了给自己增加压力，而是为了让自己记住有哪些事情需要去做，而不是被无形而又说不清楚的工作压力弄得头晕脑胀，烦躁不已。

在新的一周开始的时候要针对公司这一周的安排制定出这周的工作计划。计划的内容就是本周准备做哪些事情，什么时候该做什么事情，这些事情需要哪些领导的批示，哪些部门的配合，都要尽量详细的写出来，这样这周你需要做的事情就非常清楚了，就不至于在你特别忙碌的时候有所遗漏了，而且工作起来也更有针对性，就会成倍地提高自己的工作效率。

4. 安排好随时可进行的备用任务，尽量节约自己的时间

我们常常会遇到这样的情况：需要打开或下载某个网站的内容，联网速度却慢得像爬虫；离预定好的约会还有半个钟头的空余时间；焦急地等待某人或某物，却不知道他（它）什么时候会到来；心情不好或情绪不高，不想做任何需要投入精力的工作；所有任务都已完成，而下班的时间还未到来。通常，人们遇到这些情况时，会采用两种方法处理：一种是百无聊赖地等待；另一种是随便拿起一项工作来做。无所事事地等待是自杀，因为你的生命会在你发蒙时一刻不停地流逝；而随便进行一项工作，最可能的结果是工作效率极其低下，在这段空白时间过完时必须放弃手头的没有完成的工作，下次再重新开始。对待这样的空白时间最好的方法是：预先准备备用的任务，而利用这样的时间去进行（不是完成）它！这样的备用任务要求具备的特点是：不需要耗费大量的脑力去思考；随时可以开始，随时可以中断，并且下次可以继续进行；

没有时间的压力，不必在某个时间段非完成不可；能给自己带来一定的乐趣。

5. 不要犹豫和等待，立即行动

这一条是对以上四条的极其重要的补充：任何时候都不要犹豫和等待，工作完成之后，立即着手准备，为自己工作的顺利进行抢占先机。没有任何工作会因为你回避它而自动消失，没有任何烦恼会因为你不去想而烟消云散。你没有别的选择，只能去面对，只能去迎接挑战。记住：世界是属于那些善于思考，也善于行动的人！

合理安排
自己的8小时

会不会利用时间是一个需要全面考察的判断。不只是单纯地看充满日程的工作数量。有很多管理人员，从早忙到晚，挤满了各种工作。甚至还在工作时间以外寻找时间继续工作。他们的工作精神固然可敬，可是究竟有多少有效值，确实令人怀疑。不知道方向的忙碌对管理人员来说，是一种出力没成效的工作模式，而对员工来说，是一种吃力不讨好的工作方法。

其实会不会利用时间的关键就在于会不会制定一份完善的、合理的工作计划。所谓工作计划，就是精心安排自己和企业的工作时间表——某年某月某日要做什么事以及事情的轻重缓急，应该达到怎样的预期目标。

有计划地利用工作时间尤其要做好的就是合理地安排最主要的工作和最关键的问题。这些主要工作和问题，只要安排的妥当，其他的事情也定会按时完成。

因此，真正会利用时间的管理者，他们懂得规划的重要，不会把大量时间花在无序的工作中，而是用在拟定精密完备的计划中。也就是说，在这些能干的管理者看来，大的目标有大的计划，中等程度的工作有中等程度的计划，小的工作则有小的计划。总之，无论是大事小事，都离不开周密考虑，都要未雨绸缪。一旦考虑出完整的计划，执行起来就会很顺利。表面看来，做计划和考虑问题的时间占用得多了，影响工作进程。其实不然，从总耗用时间来计算，却节省了许多宝贵的时间，即压缩时间的流程，充分利用了每个单位时间。

　　一个成功的人，必定知道怎样善用他的时间。企业发展到今天，管理者的时间不够用，往往是普遍的现象，既然谁也无法延长生命的长度，那么，唯一的办法是如何充分地利用时间。

　　1. 充分利用时间

　　如果想要成功地利用时间，你可以使用估计、分配与控制等方法，你还可以排定事情的先后次序、工作时间表以及分配任务等方式，来达到自己的工作目的。只要一开始将所有的活动按部就班地写成记录，工作效率自然就会提高，尽管是小事，也不容忽略，这是一个习惯培养的问题。

　　"是否对各种不同的工作进行分类，然后安排恰当的时间去做？""是否将有限的，几小时利用得颇有价值？"要将这些问题放在一起思索，仔细地分析所有的活动，然后，就必须决定何事应先处理。有许多人习惯于从公文堆最上面的一件开始做，结果很可能使堆在下面的旧公文"越陈越香"。很多重要的事，就是这样被搁置以致成了无法解决的问题。要避免这种错误，只有在每天晚上或早晨，坐在办公桌前先看看那些堆在案上的文件，花点时间浏览一番，并且归类，分成数堆，再分轻重缓急依次排好，这样"陈年老酒"也可绝迹了，这就要求我们在做事情时不仅要"低头拉车，更要抬头看路"。

　　2. 分派工作

　　当你应用这种原则去处理事情时，有时会发现被布置下去的事情如石沉大海般杳无音信。如此一来，你就该立即去查明产生这种拖延现象的原因，相信你经常会发现有些职员，拿了薪水却没做他分内的事。你是老板，那么就完全看你该怎样防止这类事情的发生了。通常这种情况下，是应该实施企业管理上的分层负责制度。同时，要把事情明确地分配到单位和个人，做到"针锋相对"。有人使用下列的方法来改进：

　　（1）决定哪些事由秘书处理。

　　（2）将一些工作分配给助手做。

（3）然后看看其余的工作，再次决定哪些工作仍可由秘书或助理"分忧"，此外，就该自己去办了。这样的话，谁没有完成自己的工作，就可以明白清楚地看到，可以实现"问责"处理。为了免于被处罚，每个员工自然会兢兢业业地工作。

3.分配时间

当你看到今天的工作时，心里就应该默默地盘算，应该花多少时间在这上面，我们把这称为"分配时间"。举个生动的例子，一大早，口述和笔录大约要30分钟，接下来30分钟就该和老板讨论了，也许你还得要15分钟的时间去应付求职者。如果你九点上班，现在已经10点15分了。午餐前，也许要和采购部门接触，而且说不定还得赶到市区去开会，这就是"时间分配"。它的秘诀是要确定你眼前的工作，到底要用多少时间，那也只有"经验"才能帮忙了。只要这样做，你将会很快的发现不必要的琐事，都已分配给属下操心去了，再不会留在你工作表上，这可替你省掉不少的麻烦。通过合理分配时间，也就不会造成你心神恍惚，做此想彼，能够专心致志地投入工作。

$$\left[\begin{array}{c} 懂得 \\ 劳逸结合 \end{array}\right]$$

俗话说的好"文武之道，一张一弛。"为了能够更好地做事，必须要有高质量的休息，给自己"充电"。人只有在清醒的状态下做事，才会是高效率的，否则，就算我们花费再多的时间做事，效果也会很差。这就是"事倍功半"和"事半功倍"之说的原由和区别。

我们在工作中常常为了完成事先制订好的工作计划而赶进度，在集中注意力工作的同时却忽视了休息和放松，最后导致自己精力衰退，反而导致工作效率的下降，这样就属于"粗放型"的工作，一味追求数量，而忽视质量。一个人只有休息得好，才有可能精力充沛地投入到工作中去。高质量的休息，就是将自己的身体和精神处在一种轻松愉悦的状态，在这样的过程中，我们的身体机能和精神状态都能够得到恢复。想要获得高质量的休息，就要做到"该做事的时候做事，该休息的时候休息"。

通常情况下，人的注意力通常只能持续约90分钟。90分钟后，要适当花10分钟的时间休息，在这个时间段内给自己充电或是喝杯水，做些轻松的事情，才是明智之举。有位叫张燕的女士曾买了双漂亮的鞋子，因为特别喜欢，有一段时间几乎天天都穿。这双名牌皮鞋质量尽管非常好，可是不到半年，鞋子还是被磨坏了。后来拿去修补时，张燕抱怨说只穿了半年就坏了。鞋匠看了看皮鞋说："这鞋子确实不错！"同时问道："你是不是因为它质量好又漂亮，就天天穿啊？"张燕说："是啊！"鞋匠笑道："难怪哦，由于你天天穿，它的皮革和材质没有得到适当的休息，就会使鞋子折寿。"鞋尚且如此，更何况是人呢？修鞋匠一边修，一边与张燕聊天，他说："我过去在农村种田，我们种过田的人都知道，不在同一块土地上，年复一年种植同样的农作物。可能今年种玉蜀黍，明年改种豆类，给土壤恢复的时间。"

健康与上面的道理是一样的。健康的首要因素是什么呢？是充足的休息！农民懂得大地的习性，虽然土地蕴藏着丰富的资源，也需经过一段时间的调养才能发挥最大的效益；工人也知道，弓弦不能老绷紧了不放，要适时给脑筋和身体充电。万物之灵的人类需要依循大自然的法则，保养顾惜。休息好了，我们才能保持健康的身体，愉快的情绪，旺盛的精力。许多名人所以在工作中做出惊人的成绩并不是以牺牲休息为代价，恰恰相反，他们当中许多人因为很重视休息，才赢得了健康的体魄和旺盛的精力，这正是他们成就事业的基础和本钱。我们在紧张忙碌的生活、工作中，更应该学习如何借助各种方法来放松自己，这样才能实现身体的"可持续发展"，长远看来，对我们的工作和学习也是大有益处的。

休息是使人体从疲劳中恢复的最有效、最符合生理要求的一项自我保健术。革命导师列宁说得好，不会休息的人就不会工作。当今社会瞬息万变，竞争加剧，摄取的工作量往往不经意间就会超过自身的负荷，从而引起过度疲劳。有人说过度紧张和劳累是"百病之源"，这句话并不过分。如果不注意休息，积劳成疾，贻害健康，给家庭社会带来不可挽回的损失，这类教训实在太多，太深刻了。

为了走更远的路，工作更有效率，更健康长寿，永葆青春，需要适当和适度的休息，补充足够的能量。我们要明白一句非常简单而又富有哲理的话：磨刀不误砍柴工。磨刀是为了更好、更快地砍柴，同样的道理，休息也是为了更好、更有效地工作。

怎样才能做到劳逸结合，或者说让自己感到不累呢？

（1）吃早饭很重要。如果你忽略了吃早饭的话，那你在早晨必然无法达到最佳的工作状态。你会因饥饿感到心慌，对所做的事情无法集中精力，同时会一直期盼着午饭时间的到来，而且在中午的时候容易犯困。为了提高工作效率，早晨吃点东西是必要的。

（2）要拥有充足的阳光。早晨的阳光能够唤醒你沉睡过后懒散的身体和大脑，使你倍感精神，开始一天的好心情。

（3）做一些有氧运动。每天要保持适量的步行或者慢跑，运动能减缓压力，让你的血液加速流动起来，同时也能排毒养颜，使你整个人变得精神焕发。

（4）除非特殊情况，请不要在早晨10点前查看电子邮件或者是接听电话。这些事情浪费时间和牵扯精力，导致你的工作目标很容易被搁置在一边或者忽略。如果你能将那些不重要的事情先放到早晨10点或者是10：30过后再去处理的话，你就能够能抓紧时间及时地完成那些重要的任务。

（5）要有积极而非消极的想法。这也许看起来很简单，但是许多人却无法做到这一点。不要一直想着事情最糟糕的一面，试着看看事情积极的一面，也就是说遇事要持乐观态度，"塞翁失马焉知非福"。

（6）每过30~45分钟离开你的办公桌，停止你正在进行的工作，让你自己的注意力转移一下。你会发现你回来以后，在工作上会有出奇不意的想法而且精力也更加充沛。

第五章

好的工作状态
是你驰骋职场的
宝马良驹

在工作中，执行力很关键，执行力往往是衡量我们能力的标准之一，好的执行力需要好的工作状态来保证，在工作中要时刻保持一个良好的工作状态，这样才能使我们执行力长期维持在一个较高的水平，有助于我们把工作做得更好，为公司创造更高的经济效益，让我们在职场中更加游刃有余。

好的工作状态能
让平庸变得伟大

在大多时候，我们所从事的工作往往不能让我们感到满意，也是这种不满意让我们失去了斗志，没有了工作的激情。这样的情况不会出现在一个聪明的员工身上，聪明的员工无论在哪个岗位都会积极的调整自己，展现自己良好的工作状态。良好的工作状态能够让我们更加细心、更加负责、更加高效，能让我们把工作做得更好，能让原本平凡的工作变的伟大。

我们随意去采访一位企业的老总，他们都会毫不犹豫地告诉你，如果他要提拔一名员工，他肯定会挑选做事认真负责、执行力出众，有良好工作状态的人。他们绝不会看中那些工作起来不在状态，做完事情总留后遗症的人。因为学会用人也是老板必备的素质，在他们的从商经历中，他们对于人才的选拔从来都是非常重视的，也积累了丰富的选人和用人经验，他们判断一个员工是否有发展的潜力，除了看他们的专业技能外，他们的工作状态，对待工作的态度是他们更加看重的地方，实践证明，拥有良好工作状态的人，总能让平凡变成伟大，为公司创造更大的效益。

洛杉矶的一位商人给一个达拉斯的商人发电报价："10万卡苏斯大麦，单价1美元。价格高不高？买不买？"达拉斯的商人原意是要说："不。太高。"可是电报里却漏了一个句号，结果成了"不太高。"这个小小的失误一下子就使他损失了10万美元。一件小小的事情，就会因为工作时的心不在焉而导致错误，给自己带来损失。

一家皮货商订购一批羊皮，在合同中写道："每张大于4平方尺、有疤痕的不要。"注意，其中的顿号本应是句号。结果供货商钻了空子，发来的羊皮都是小于4平方尺的，使皮货定购商哑巴吃黄连，有苦说不出，损失惨重。

导致失败的最大原因，就是这部分人在工作的时候没有一个好的状态，没有用认真的态度去完成自己的工作，他们总是能应付就应付，能不认真就不认真。在工作中我们一定要引以为戒，时刻把自己的状态调整到最佳，这样我们才能少犯错误，完成一些原本看起来无法完成的任务。

做事细心、严谨、有责任心是好的工作状态；做人坚持原则，不随波逐流，不为蝇头小利所惑，"言必行，行必果"，也是好的工作状态；生活中重秩序，讲文明，遵纪守法，甚至小到起居有节、衣冠整洁、举止得体，也是好的工作状态的体现。好的工作状态就是不放松对自己的要求，就是在别人苟且随便时自己仍然一如既往地坚持操守，就是高度的责任感和敬业精神，就是一丝不苟的做人态度。

斯塔德迈尔是美国标准石油公司的一名小职员。他有个外号叫"每桶四美元"这是因为他每次在旅馆住宿或书信及收据上签名时，总要在自己名字的下方认认真真写上"每桶四美元的标准石油"几个字。

公司董事长洛克菲勒知道后说："竟有这样努力宣扬公司声誉的职员，我一定要见见他。"于是盛情邀请斯塔德迈尔共进晚餐。多年以后洛克菲勒卸任，斯塔德迈尔做了第二任董事长。

斯塔德迈尔做的是一件人人都可以做到的区区小事，也许别人不做或不屑做，或根本就没想到要去做，唯有斯塔德迈尔特别细心精明，发现这是一个做"免费广告"的办法，并且认认真真把这件小事坚持做下去了。他为此而得到了应有的回报，斯塔德迈尔的成功不就是来自他认真负责的工作态度吗？

大家都知道蒂芙尼珠宝这个有名的牌子。蒂芙尼在创立之初并不为人们所接受，在竞争激烈的珠宝界没有任何的优势，但是蒂芙尼的创始人提出了全新的经营理念，那就是要在自己的珠宝上打上设计者性格的印记，不但让他们的产品具有极高的艺术价值，而且也拥有极高的生命力。

为了长期维护良好的声誉，他们对外保证出自公司的任何一款产品，如果顾客不满意，可以无条件退货。蒂芙尼品牌之所以能够享誉世界？靠的就是一丝不苟的敬业精神，靠的就是竭尽所能为客户服务的精神。在这样要求严格的公司，员工的工作状态也非常的认真负责，出自蒂芙尼公司的每一件产品都无可挑剔，并且绝对是同类产品中最好的。蒂芙尼的员工时刻牢记自己所做的一切都应该代表着优秀，代表着卓越，应该让所有的人知道，你的作品不是漫不经心的潦草之作，而是完美的杰作——无论是你自己，还是别人，都不可能做到比这更出色了。

正是靠着这样的经营和管理理念，正是靠着这样严格的工作态度，才使每一件蒂芙尼的作品显得与众不同，具有极强的艺术欣赏价值，也终于让蒂芙尼这样的珠宝品牌由平庸变得伟大。

[好的状态能够 增强你的执行力]

现在的很多企业都推崇员工的执行力。执行力，顾名思义就是一个人对任务的驾驭和完成能力。任何一个好的政策如果不能得到有效的贯彻落实，那也只能是一团浮云，不能给我们带来实际的利益。

一个受企业欢迎的员工，必然是一个主动服从的员工，因为只有服从才能不打折扣地去执行上级交给的任务，没有服从就谈不上执行，执行首先要从学会服从开始。一个集团董事长曾经这样说："我最不喜欢的员工，就是那种你对他交代了很多事情，他往往只会说好的，知道了，但是最后做的结果根本不是那么回事，或者根本没有去执行的人，他们的这种缺乏执行力的表现，往往耽误了很多有利的时机，让公司补救的时间几乎都没有了。"

服从的最基本要求，就是无条件地遵从上级下达的指示。服从者必须雷厉风行，不折不扣地去执行这个任务。一个团队，如果下属不能无条件地服从上司的命令，那么就很难达成共同目标。

对上司已经做了决定的事情，理解的要服从，不理解的也要坚决服从，努力执行，因为这是作为一名员工的责任，我们不能因为自己理解上的偏颇而影响公司整个工作的推进。另外，你还要学会去体谅你的老板。要经常做一下换位思考，站在老板的角度看问题，就会更好地理解老板的言行不一定是对下属的苛求，换了你可能也会一样。

要做到更好地服从，不仅要对企业的价值理念、运行模式等有一定的认识，还要清楚自己在组织中的权限范围。一些表现出色的员工以为个人地位高过了公司，他们可以随心所欲地处理问题，而不必听从上级领导的指派，这对于公司的整体发展无疑是不利的。

当今社会是一个充满合作的社会，我们每个人都不可能脱离社会或者某一团体和组织而存在。而集体的利益总是要大于个人利益的，当个人的利益和集体的利益发生冲突的时候，我们必须学会维护集体的利益而去绝对执行。

全力以赴地执行任务，这是判断一名员工非常重要的指标，是管理效能的一个非常重要的方面。只要你身为公司的员工，你就要时刻牢记这一点：你是来协助上司完成经营决策的，不是由你来制定决策的。所以，你应该竭尽全力去执行上司的决定。

为了保障公司计划或方案的有效执行，必须保证领导者的权威地位，所以，积极配合领导的工作也是一名员工执行力的体现。在服从领导决定的同时，还要主动献计献策，既积极配合领导工作，表现出对领导的尊重，又能适当展现自己的才华。这样的员工才是领导真正喜欢的员工，才是领导下一步要提拔重用的员工。

"服从第一"的理念如果不能渗透到每个员工的思想当中，公司是没有发展前途的，在市场竞争中一定会失败。一旦制度和战略形成，任何人都必须百分之百地支持和无条件地服从，甚至就连管理者也不得能寻找任何借口。如果一个企业缺乏服从的习惯，那就会造成执行力下降、效率低下等后果，这个企业自身也终将被淘汰出局。

要做到这一切，员工没有一个好的工作态度显然是不行的，端正自己的态度，在工作中就会少一点抱怨，少一点懒散，也会使我们的执行力成倍地提高。

作为一名员工应当按照约定的时间准时上班，没有特殊的情况，就尽量不要迟到、早退、请假，保持良好的出勤记录。有些人对此很不放在心上，不就是考勤吗，早一分钟晚一分钟，有什么关系呢？其实，有这样想法的员工并没有认识到考勤制度对一个单位的重要性。

我们想想看，单位规定的上班时间是早上8点30分，有人8点20分就到了，有人8点30分到，也有人8点40分才到。如果单位没有什么重大的事情，上班早晚是没有什么大碍的。但是在关键时刻，或许就会因为迟到了10分钟，而耽误了重要的工作，从而给单位带来恶劣的影响以及无可挽回的重大损失。

所以在我们工作的时候，我们要遵守公司的各项制度，而不能去埋怨，更不能去抵触，这样不仅影响自己的工作状态，也会影响到自己的执行力，更会影响自己以后在公司的发展。

好的状态能够
提升你的工作主动性

积极主动的工作是你良好工作状态的表现之一，是我们做好一项工作的基本要求之一，在工作中我们要时刻保持一种积极主动的工作状态，时刻以饱满的热情投入到我们的工作中去。

卡耐基曾经说过："有两种人注定终生将一事无成，一种是除非别人要求他去做，否则，绝不主动去做事的人；另一种是即使别人要他去做，也做不好事的人。那些不需要别人催促就会主动去做应该做的事、而且不会半途而废的人必将成功。"

克里斯是一家公司的总裁，有着令人羡慕的商业成就，在谈到他的成功经历时说："像无数的年轻人一样。我在青少年时期和上大学时做过许多极其普通的工作。我修理过自行车，卖过词典，做过家教、书店收银员、出纳。大学期间，为了换取学费，我还给别人打扫过院子，整理过房间和船舱。

在做这些兼职的时候，我曾经认为这些工作单调而无聊，兼职工作也不是自己要长期从事的工作，所以不必主动认真去做，后来我发现自己的想法是极其不正确的。事实上，这些工作给了我许多宝贵的经验，不管从事什么样的工作，我其实都从中学到了不少自己以后职业生涯中所需要的东西。

如今，克里斯成了一名大公司的管理者，他依然像原来那样主动去找事做，好像闲不下来的样子，尽管那不是一个老板应该做的工作。

有成功潜质的员工，总是主动比别人多付出一点点，自动自发地为自己争取最大的进步。只有积极主动地做事情，才会让雇主惊喜地发现你实际做的比你原来承诺的更多，而你更有机会获得加薪和升职。

积极主动的员工，会时刻想着自己还能为公司多做点什么。

"每天多做一点事"的工作态度将会使你脱颖而出，你的上司和客户会愿意和你在一起，从而给你更多发展的机会。

斯奈德最初在斯科拉的公司工作时，只是一个没有特别之处的普通职员，现在他已成为斯科拉先生最得力的助手，担任着一家分公司的总裁。他之所以有今日的成就，就是因为他总是设法使自己多做一点非常简单工作。

刚来公司工作时，斯奈德发现，每天大家都下班后，斯科拉总是没有离开公司，他依旧会留在公司工作到很晚，于是斯奈德决定也留在公司里。虽然谁也没有要求他这样做，斯奈德只是想着，在斯科拉先生需要时给他提供帮助。

斯科拉先生在工作时经常需要查找文件和打印材料，这些工作虽然简单却很烦琐。于是，斯奈德主动请示老板，表示自己可以协助做这些工作。

尽管斯奈德并没有多获得一分钱的报酬，但他却获得了更多的机会，让老板认识了他的能力，为自己的进一步发展创造了条件。

成功的机会总是给那些主动寻找主动做事的人准备的，可是很多人根本就没有意识到这点，因为他们早已习惯了等待，等待着机会掉下来砸到自己的那一天。只有当你主动、真诚地提供真正有用的服务时，机会才会眷顾你，成功才会随之而来。每一个雇主也都在寻找能够主动做事的人，并以他们的表现来奖励他们。

一个普通的打工妹，由于没有什么特殊才能，就应征到一家餐馆做了一名服务员。在别人看来，服务员的工作再简单不过，只要招待好客人就可以了。

可这个小姑娘的表现却出人意料，她从一开始就对工作表现出了极大的热情。工作了一段时间之后，她不但能熟悉常来的客人，掌握了他们的口味，知道他们要点什么菜，而且只要客人光顾，她总是千方百计地使他们高兴而来，满意而归。她不但赢得了顾客的连连称赞，也为饭店增加了收益。

老板非常看中她的工作热情，也非常满意她的工作业绩，于是准备提拔她做店内的主管，她却婉言谢绝了老板的好意。原来，一位投资餐饮业的顾客看中了她的才干，准备与她合作，资金完全由对方投入，她负责管理和员工的培训，并且对方郑重承诺：她将获得25%的股份。现在，她已经成为一家大型餐饮企业的老板了。

这个小姑娘就是靠着自己的努力，靠着一个好的工作状态，去感染自己的顾客，感染自己的老板，并最终获得了极大的成功。

在一个企业里，很多员工常常要等老板交待过做什么事，怎么做之后，才开始工作。殊不知，这种只是"听命行事"或"等待老板吩咐"去做事的人，已不再符合新经济时代"最优秀员工"的标准。时下，企业需要的、老板要找的是那种不必老板交待就积极主动做事的员工。

在任何时候都不要消极等待，企业不需要那种"守株待兔"之人。在竞争异常激烈的年代，被动就意味着落后，就意味着要失去很多的机会，主动才能抢占先机，才可以占据优势地位。所以要行动起来，随时随地把握机会，并展现超乎他人要求的工作表现，还要拥有"为了完成任务，必要时不惜打破常规"的智慧和判断力，这样才能赢得老板的信任，并在工作中创造出更为广阔的发展空间。

好的状态有助于
你的自我反省和进步

无论在生活中还是在工作中，我们都需要对自己说过的话、做过的事进行总结和思考，反省自己，找出自己的不足和失误，然后对自己进行一番自我修正，使自己向着一个好的方向发展。

伟大的思想家苏格拉底曾经说过："未经自省的生命不值得存在。"不断地自我反省是一种自我道德修养的提炼。圣人孔子说："见贤思齐焉，见不贤而内自省也。"不断地反省也是通过自我意识来省察自己言行的过程，其目的正如朱熹所说："日省其身，有则改之，无则加勉。"孔子的学生曾子很能力行"自省"这一主张，他经常做到"吾日三省吾身"。古代的先贤尚且能够每天反省自己，作为普通人的我们就更应该这样做了。

金无足赤，人无完人。每个人都有说错话、做错事的时候。没有人能保证自己一辈子都不犯错误。犯了错误并不可怕，重要的是，你以什么样的态度对待自己的过失、不足和错误。我们能不能像古人那样，每天都能针对自己的过错，进行仔细的剖析，对自己进行认真的"拷问"，以君子的方式要求自己？"一日三省吾身"在古人看来天经地义，但今天许多人却很难做到。

似乎人人都知道自加，却很少有人知道自减，总是认为自己说的和做的事情都是正确的、都是有道理的。"长于责人，拙于责己"或以"自我为中心"似乎是现代人的共同弱点。比如，有时我们在没有恶意的情况下说了一些不该说的话，无意中伤害到别人，但我们对别人的不开心却一无所知，不闻不问，而且觉得自己说话很有水平。在工作中虽然忙得不可开交、焦头烂额，但却不能不分主次、没有目的，最后导致整个团队工作进程受阻却不自知。犯了错误，不懂得反省，只知道遮掩，当然遮掩的方式有很多种，比如狡辩、诿责、抱屈、怨天尤人，总之是没有勇气面对自己的过错。因为人的意识往往是对外的，总是把意识投向"我"以外的人和物上，而很少会反身自问。比如我们很容易批评其他人，说他人做得不对，却总是在品评他人的时候，遗忘了自己。

一个具备自我反省能力的人，一定要具有自我否定精神，要敢于否定自己所犯的错误，不要在乎自己的面子，要勇于认错。每个人都会有错误和缺点，一旦有了错误，主动接受批评和自我批评，认真反省自身缺点，从而不断改进自己、升华自己，这不但能够及时地改正错误，也会显示出你的真诚和大气，让更多人喜欢你、尊重你。反省是心灵镜鉴的拂拭，是精神的洗濯。反省的过程就是一个人心智不断提高的过程，是一个人心灵不断升华的过程，也是我们对所遵循的标准、不断反思和不断提高的过程。

在现实生活中，我们往往会按照自己的理解来决定自己的行为处事准则，然而，这个准则有时候会产生很大的偏差，让我们经历种种失败和挫折。在不断的失败和挫折中，我们才逐渐明白哪些地方需要不断纠正，需要不断改善。所以自省是种最简单的减法，减去一切对你不利的东西。

一个具备反省能力的人一定是一个对自己要求严格的人。他们总是寻找自己的不足，竭尽全力改进这些不足；他们总是能够虚心听取别人对自己的建议，不管这些建议自己喜不喜欢，从别人的建议中汲取营养，使自己变得更加完善；他们不会害怕自我批判和自我否认，因为他们知道自我否认的目的是为了使自己达到一个更高的层次。

自省也是一个人不断认识自我、不断发展自我、不断完善自我和实现自我价值的一个过程。心平气和地正视自己，客观地反省自己，既是一个人修身养德必备的基本功之一，又是增强人之生存实力的一条重要途径。因此，在自我否认的背后，他们实际上有着充分的自信，在不断的反省中获取前进的力量，让自己变得更优秀。

反省我们的工作态度：今天的工作，我是否有拖沓的行为？是否尽了全力？是否浪费时间？

反省我们的做事方法：对于今天所做的事情，采取的方法是否得当，怎样做才有可能做得更好？

反省我们的工作进程：我今天做了多少事，和昨天比是否有了进步？有没有完成我既定的目标？有没有给自己提出更高的要求？

反省我们的人际交往：我今天是否说过不恰当的话？是否做过伤害别人的事？某人对我不友善是不是因为自己的原因？

上面的几点，都需要我们牢记心中，不停的进行自我总结，自我反省。反省其实是一个人学习能力的体现，反省也是一种进步。如果能够不断自我反省，并努力寻求解决问题的方法，从中悟到失败的教训和不完美的根源，全力做出纠正，这样就可以在反省中清醒，在反省中明辨是非，在反省中变得更加睿智。

好的状态有利于
你树立远大的人生目标

我们的进步来源于我们在人生征途中完成的我们树立过的一个又一个的目标，为了我们的进步我们要不断的给自己确定一些目标，这些目标或大或小，或远或近，但是我们要在心中牢记这些目标，然后一个个地去完成它，但是要实现这些目标我们必须有一个好心态、好状态，这样我们才能尽快地实现心中的梦想。

社会结构是一个巨大的金字塔。绝大多数的人处在这个金字塔的底部，只有一小部分的人处在金字塔的顶部。处在底部的人们每天只能勉强到达收支平衡，过着艰苦的生活。而处在顶部的人则是蒸蒸日上，繁荣兴旺，过着富足的生活。每一个城市每一个公司，都是大多数人在底部，少数人在顶部，而处在顶部的人都是从底部逐渐上升的。

为什么偏偏是他们达到了众人瞩目的高度呢？而不是我们呢？

上帝对每个人都是非常公平的，像希尔顿、洛克菲勒这样的成功人士并不比我们拥有的时间多，但为什么只有他们取得了令人瞩目的成就？那就是他们在自己事业的起步阶段就为自己树立了远大的人生目标，这个伟大的目标一直激励着他们，让他们的努力有方向，让他们的奋斗充满了激情和动力。

绝大多数人之所以平庸一生，之所以只能在历史的舞台上扮演无足轻重的次要角色——包括那些懒惰闲散的人、好逸恶劳的人、平庸无奇的人——原因就是他们缺乏内在的动力。

哈佛大学曾做过一个著名的实验。

在一群智力与年龄都相近的青年中进行了一次关于人生目标的调查，结果发现：

3%的人有十分清晰的长远目标；

10%的人有清晰但比较短期的目标；

60%的人只有一些模糊的目标；

27%的人根本没有目标。

25年后，哈佛大学再次对他们做了跟踪调查，结果令人十分吃惊！

那3%的人全部成了社会各界的领军人物，取得了骄人的成就；

那10%的人都是各专业各领域的成功人士，他们处于社会的中上层；

那60%的人大部分生活在社会中下层，缺乏追求，事业平平；

那27%的人过得很不顺利，脾气暴躁，常常抱怨社会，抱怨政府，怨天尤人。

在我们的周围这样的人比比皆是，这些人私下里认为自己很聪明，他们不努力工作，缺乏目标，缺少动力，只满足于混日子，工作也敷衍了事，过一天算一天，日复一日年复一年浪费自己宝贵的青春、生命、大好前程，机会来了，他们也没有能力去把握；他们甚至不知道自己这样的工作态度，对老板的损害还不及对自身损害的一半。对于老板而言，这可能会是几美元的损失，但对他自身来说，却是在浪费自己的宝贵时间，原本他可以利用这些时间做很多的事情，是可以用这段时间获得自己想要的成功的。

放眼历史，我们不难发现，每一个伟大的建树，每一项杰出的成就都是由那些志向高远的人所完成的，不论是像爱迪生、福特、贝尔、莱特兄弟这样的发明家，还是像马丁·路德·金以及从囚徒成为南非总统的纳尔逊·曼德拉这样的社会改革家。他们拒绝接受中庸之道，他们追求卓越，所以他们功成名就，这就是精华法则：最优秀的将会上升到金字塔的顶部。

我们不应该根据一个现在从事的工作来对他进行最终的评判。在我们确切地了解一个人的理想和抱负之前，是无法对一个人轻易地下结论。判断一个人的重要标准应该是看他所拥有的远大抱负和确立的奋斗目标，因为树立了远大目标的人，他们的工作目的就非常明确，工作的时候就会格外的卖力。一个年轻人，只要他具备毅力、恒心和信念，他完全有可能通过自己长期的努力和积累，成为一个杰出人物，实现自己的人生目标。在一个人的日常活动中，我们可以发现某些预示着他的未来的东西，比如他做事的风格等，他对工作的投入程度，当我们看到一个工作兢兢业业、一丝不苟，想方设法地使每一件事都做得尽善尽美，以自己的努力和成就为荣，并在此基础上积极寻求进一步的发展和提高时，我相信他总有一天会崭露头角，成就一番事业。

第六章

好的工作状态是你鱼跃龙门的助推器

在职场中打拼的人都明白，每一个老板都需要特别能工作、特别会工作、特别能为公司创造经济效益的人，其实这样的人往往就是那种工作状态特别好的员工。工作状态好的员工能更快适应自己的工作，能够积极面对并战胜工作中的各种困难，创造性地完成各项工作任务，因而能获得老板的信任和器重，更有机会得到重点培养和晋升。

老板需要具有
良好工作状态的人

在职场中打拼，要想获得老板的信任和器重，首先要知道老板需要什么样的员工，显而易见，每一个老板都需要特别能工作，特别会工作，特别能为公司创造经济效益的人，其实这样的人往往是那种工作状态特别好的员工，工作状态好的员工能更快地适应自己的工作，能够积极面对工作中的各种困难，即使他们在面对逆境和挫折的时候也能够用饱满的热情去工作，而且他们会时时刻刻为公司着想，永远把工作做到老板的前面，永远都会做得比自己的老板希望的结果还要好。

杰克·韦尔奇1960年获得博士学位后，由于成绩优异，同年就加入通用电气公司，成为公司一名技术人员，直到2001年9月退休，杰克·韦尔奇在通用电气公司整整工作了41年，这也是他全部的职场经历。但是，他还有一段不为大众所知的特殊经历，在他进入职场的第一年，曾经有过辞职不干的念头。可见这位全球第一CEO的职场起步并不十分顺利。

1960年10月17日是韦尔奇到达通用电气公司的第一天，呈现在他眼前的是一个让他无比失望的景象。

这样一个大公司看上去没有一点生气，几乎到了倒闭的边缘。韦尔奇带着新婚不久的妻子从伊利诺伊跋涉950英里，赶到通用电气公司公司新化学开发部所在地马萨诸塞州匹兹菲尔德，由于公司不能提供住宿，他们就暂时住在了一个小旅馆里。"我们不负责解决你们的住宿问题"，他没想到自己进入这家公司后听到的第一句话竟是这样的冰冷无情。这时候他就产生了离开这家公司的念头，但是他又觉得这是自己的第一份工作，等过段时间再做决定。

还好，韦尔奇对待工作还是无比热情和认真的。很快，韦尔奇安顿好了自己的小家庭，先从旅馆搬到便宜的汽车旅馆，后来租了一个暖气不足的木质二层房子，向父母亲要了1000美元，购置了一张沙发和一张床，就这样开始了在通用汽车公司的工作。

一年时间很快到了，韦尔奇正为自己涨了1000美元的工资兴奋的时候，他发现自己办公室的4个人薪水完全一样，这让他不平衡起来，他觉得付出更多，收益更多，也需要得到比"标准"薪水更多的东西。韦尔奇在自己的自传中讲述：通用电气公司这种薪金分配方式让他感到非常不满，我几乎无法忍受，我必须辞职。在正式辞职之前，他和老板谈了谈，但是没有任何结果。

但是由于他的才华，公司还是不舍得让他走，答应了给予他更高的工资，这样他才决定留了下来。

随后他的职务不断地上升，并成为公司领导层的一员，这时候韦尔奇开始就公司的一些制度进行调整，对于那些工作不认真、不负责，状态差的员工，他坚决地给予降薪，予以辞退，通过他对公司的治理，公司的面貌发生了很大的改观，所有的员工都惧怕这个不讲情面的上司，工作也比之前更卖力了，公司的各项业绩开始突飞猛进。

后来韦尔奇在招聘新员工和提拔老员工的时候，重点考察的不再是他们的专业技能，更多的是考察他们的工作态度。他认为，工作态度差的员工，即使水平再高，也难堪大用。

其实在工作中，无论是加薪的机会还是升职的机遇，都掌握在我们自己的手中，在我们的工作过程中，竞争会无处不在，我们要想在众多的员工中脱颖而出，进入老板的视线，我们就要拿出自己最好的工作状态，努力的去工作。请记得，做了比没有去做要强很多，而且你去做了总会被老板看到，也许你做出的努力，付出的汗水在短时间内没有得到老板的认可，这时候我们一定要沉得住气,不要到处抱怨,不要自暴自弃,也许这时候老板已经看到了你的努力,而是在静静的继续考察你。所以在面临这样一个状况的时候,一定要多鼓励自己,更加严格的要求自己,用自己最好的状态去工作,我想你一定会在竞争激烈的职场中打出属于自己的一片天地。

[状态越好，
提升越快]

　　职场中有一种心态是最难得的，那就是实习生的心态，为什么这种心态最为宝贵呢？那是因为实习生对工作充满了激情和好奇，办事谨小慎微，认真负责，他们希望通过自己的优异表现争取到这份工作。因此他们不会迟到早退，他们争抢着去干又脏又累的活，他们拿最少的工资，却要付出更多的精力，但他们的态度永远是谦恭的。

　　但是情况很快会发生变化，一旦他们成为正式员工之后，他们的心态就会发生很大的变化。他们会成为办公室极其普通的一员，喝茶、看报、不急不慢地处理手头的公务。

　　其实这些道理我们都懂，可是我们却还在放纵自己，没有让自己好的工作状态、积极的工作态度坚持下去，最终在自己的工作岗位上碌碌无为，一事无成。我想如果我们在工作了很多年后还能拿出实习生的那种状态去工作，我想我们一定会很快的得到提升，而事实上我们被提升的速度、我们的工作状态和工作成绩是相辅相成，不可分割。

　　相信大家都知道闾丘露薇，是我国一个比较著名的电视记者，现供职于凤凰卫视。她曾因2003年在伊拉克战争时作为在巴格达地区唯一的一名华人女记者进行现场报道，而获得中国观众极大关注，被誉为"战地玫瑰"。闾丘露薇曾说过这样一段话："我一直抱着踏实的心态去做这份工作，完全没有优越感，我从来不在乎比别人付出更多的精力。"

　　闾丘露薇的成功让我们看起来几乎是一个传奇，但又是极其顺理成章。

她没有选热门专业，而是选了复旦大学的哲学系，大学毕业后到家人开的公司打工，卖过汽水、文化衫和手表。1995年移居香港，她得一切从头适应香港这个竞争激烈的社会，她有幸加盟了香港的一家电视台。

　　成名前的闾丘露薇没有什么特别之处，但加盟电视台后，她的优点就展现了出来，同行们都觉得她是一个工作起来特别有活力的人。她每天早出晚归，坐公车上班，劳作一天后，打的回家算是对自己一天辛苦工作的奖赏。

　　闾丘露薇保持的就是那种实习生心态，并且在她成为新员工之后仍然保持这种心态，这点才是最难得的。闾丘露薇说："我每天提醒自己不要翘尾巴，因为没有一个地方是没你不行的。"

　　正是闾丘露薇这种实习生的宝贵心态让她在激烈的职场竞争中受益巨大、进步很快，但是只有这样的心态还是不行的，该站出来的时候一定要站出来，要敢于担当，敢于为自己的未来去赌一把、拼一把，这样的人生状态也是我们必须要有的，我们要时刻做好这样的准备，当这样的机会来临时，我们一定要用最好的状态去迎接它。

　　终于有一天闾丘露薇的机会来了，其实这个机会是给很多人的，但是抓住机会的只有闾丘露薇一个人，因为闾丘露薇为了这个来之不易的机会准备了很长时间，等待了很长时间。

　　2001年10月阿富汗战争爆发，这时候需要一名记者去阿富汗战场进行实地采访，以便获得第一手新闻资料。当面对上司的发问："谁愿意去阿富汗？"时，大家出于各种各样的考虑开始窃窃私语，犹豫不决，闾丘露薇第一个举了手。

　　凤凰卫视的高层欣赏她的勇气，她远赴战火中的阿富汗，在阿富汗闾丘露薇的才华和胆识进一步地得到了展现，在硝烟纷飞的阿富汗战场，闾丘露薇从来没有因为危险而害怕过、退缩过，在她的心里及时的给祖国人民带去最新的消息就是她作为一名新闻工作者最大的责任，因此当我们在镜头中看到闾丘露薇时，她展现给我们的总是坚毅的面庞，自信的眼神。正是在阿富汗出色的工作经历，使闾丘露薇一举成名。

成名后的闾丘露薇并没有停滞不前，她明白自己今天的一切都是通过自己的拼搏得到的，因此她更加努力了。

2001年美国攻打阿富汗塔利班，她是全球首位进入阿富汗腹地喀布尔采访的华人女记者，得到国务院总理朱镕基当面称赞，"你很了不起，我佩服你。"在2002年2月和2002年年底，又两度前往阿富汗采访，成为唯一一位三进阿富汗的华人女记者。

2003年伊拉克战争爆发，美军对巴格达进行轰炸，她不畏艰险，深入战区进行采访，她是在巴格达市区进行现场报道的唯一的华人女记者。

2003年4月初，由于工作的需要，她再次来到巴格达，并且在当地采访半个月后又直接前往北京抗击"非典"的第一线，进行有关SARS的报道，可以说，最危险的地方我们总能看到她坚强的身影。

2003年5月底，国家主席胡锦涛在俄罗斯访问时，亲自向她表示慰问，并且赠言"事业要追求，安全要保证"。

心态决定命运，状态的好坏决定着你成就的大小，也进而决定着你进步的快慢。闾丘露薇的成功再一次告诉我们，成功也许需要很多东西，但唯一不能缺的就是一个人永不倦怠的心态，我们在工作的过程中，要时刻保持这种心态，保持这种状态，用我们的好状态去感染我们身边的每一个人，让自己的上司觉得自己是全心全意为这个公司付出的，那么你得到晋升的机会一定会比别人大得多，提升的速度也一定比别人快得多。

什么样的状态决定什么样的人生

有人问三个正在砌墙的工人："你们在干什么呢？"

第一个工人毫无生气地嘀咕："你没看见吗，我正在砌墙啊。"

第二个工人也是有气无力地说："哎，我正在做一项每小时9美元的工作。"

第三个工人非常开心地说："我正在建造这个世界上最伟大的教堂！"

如果你不喜欢自己的工作，那么你就不会产生良好的工作状态，这样你就是为了工作而工作，丝毫找不到工作的乐趣。

其实，我们从事的很多工作都不是我们所满意的工作，但是这份工作满不满意我们都要坚持做下去，因为我们需要生存，道理已经很明白了，既然非做不可，那就开心的去做，而不要痛苦地去做，无论你开心与否，痛苦与否，这份工作就在你的面前，你每天还是要去做的。快乐的看待自己的工作，会让你渐渐的爱上你的工作，也会让你的工作更加的轻松。

面对我们不喜欢的工作，我们具体的做法是：爱你的工作！用一种积极的状态去完成自己的工作。

一个人的工作态度折射着人生态度，而人生态度决定一个人一生的成就。你的工作，就是你的生命的投影。它的美与丑、可爱与可憎，全操纵于你之手。一个天性乐观，对工作充满热忱的人，无论他眼下是在洗马桶、挖土方，或者是在经营着一家大公司，都会认为自己的工作是一项神圣的天职，并怀着深切的兴趣。对工作充满热忱的人，不论遇到多少艰难险阻，都会想办法去完成它，并且是创造性地完成它。

假使你对工作，是被动的而非主动的，像奴隶在主人的皮鞭的督促之下一样；假使你对工作，感觉到厌恶；假使你对工作，没有热诚和爱好之心，不能使工作成为一种喜爱，而只觉得其为一种苦役；那你在这个世界上，一定不会有很大的作为。

我们都希望自己的工作很体面，这样我们就会更加的自信，我们的自尊心才能得到最大限度地满足。但是实际情况并不是这样的，我们的工作大多平凡至极，如果对工作敷衍塞责，你只能永远平庸下去，你是不会得到这种自信和自尊的。

有些人不懂得，工作能激发他们内在的优良品格，让他们在奋斗、努力中去发挥出自己所有的才能，去克服一切成功之障碍。工作对于他们只是一种苦役。他们不懂得毅力、坚忍力，以及其他种种高贵的品格都是从努力工作中得来的。一个人抱怨、鄙视自己的工作，他的生命决不能得到真正的成功。结果恐怕只能是一个，那就是"今天工作不努力，明天努力找工作"！

不管你的工作是怎样的微不足道，我们都要用百分之百的努力去看待它，把它当成世界上最伟大的工作去对待。有人说过，这个世界上没有卑微的工作，只有卑微的工作态度，只要全力以赴地去做，再坏的工作也会变成最好的工作，就像希尔顿说的："世界上没有卑微的职业，只有卑微的人。"

我们不妨设想一下文章开始时的三个工人的命运，前两位继续在砌着他们的砖，因为他们不爱自己的工作，不重视自己的工作，觉得自己的工作没有任何的乐趣，就不会用百分之百的努力去对待自己的工作，就不会去追求更大的成就。但那位认为自己在建造世界上最大的教堂的工人则完全不同，他一定不会永远在那里砌墙，也许他已经变成了包工头，甚至变成了著名的建筑设计师，我敢肯定他还会继续向上发展。因为他善于思考，他当时对于工作的热情已经明显地表现出他想更上一层楼。

在不久以前，我问一个年轻人对现在的生存状况满意吗，他愉快地回答说："我现在完全被我的工作所陶醉了，我简直不能自拔。每天早晨，我都十分渴望能够尽快地投入到自己的工作中，而当晚上放下工作时，我会感到十分的惋惜，就像一个天生的画家，在黄昏到来之时，会为自己不得不放下画笔而遗憾。"

一个对自己的工作如此热情的年轻人，他的未来可想而知，一定会成就一番自己的事业。爱尔伯特·马德说："一个人，如果他不仅能够出色地完成自己的工作，而且还能够借助于极大的热情、耐心和毅力，将自己的个性融入到工作中，令自己的工作变得独具特色，独一无二，与众不同，带有强烈的个人色彩并令人难以忘怀，那么这个人就是一个真正的艺术家。而这一点，可以用于人类为之努力的每一个领域：经营旅馆、银行或工厂，写作、演讲、做模特或者绘画。将自己的个性融入到工作之中，这是具有决定性意义的一步，是一个人打开天才的名册，将要名垂青史的最后三秒钟。"

爱你的工作吧！用饱满的激情去对待自己的工作吧！今天的努力会铸就明日的辉煌。好的工作状态能让你有一个灿烂的人生。

把自己的状态
体现到行动上

说到不如做到，这是无可争辩的事实。

要想使宏伟的的计划变为现实，就必须要落实在行动上。明白这个道理的人很多，但是真正做到的人却寥寥无几。天下最可悲的一句话就是，"我当时真应该那么做却没有那么做。"

我们几乎每天都能听到有人说"如果我当时就开始做那笔生意，早就发财了"！或者"我早就料到了，我好后悔当时没有做！"真可惜天下没有卖后悔药的。如果只是沉浸在不切实际的幻想中，梦想着财富从天而降，而不是脚踏实地采取行动、那么幻想恐怕永远都只是幻想。正所谓一分耕耘，一分收获。上天不会亏待任何一个努力的人。

你能想象得到这一切吗？一名默默无闻的墨西哥移民，却胸怀大志，后来竟成为世界上最大经济实体的财政部长。

罗马纳·巴纽埃洛斯是一位年轻的墨西哥姑娘，她16岁就结婚生子。丈夫不久后离家出走，罗马纳只好独自支撑起这个家。但是，在她的心里她始终相信通过自己的努力是会让自己的儿女过上体面富足的生活，她是这样想的，也是这样做的，为了这个梦想，她开始了自己的征程。

她的第一份工作是在一个洗衣店里帮人洗衣服，这份工作很辛苦，每天的工资只有1美元，但是她还是非常开心，毕竟这1美元已经够他们一家人生活一天了。但是她没有因此而感到满足，她还是无法忘记自己的梦想，于是她带着积攒下来的7美元来到了洛杉矶，想在这里找一份更好的工作，让自己的儿女生活的更好一点。

第二份工作是做一名洗碗工，但是工资比之前高了很多，慢慢地她攒了400美元，这时候她产生了一个念头，给别人打工是无法实现自己梦想的，她要开一个自己的店，于是便和她的姨母共同买下一家拥有一台烙饼机和一台烙小玉米饼机的店。

她与姨母共同制作的玉米饼口感好、价格低，上市后受到了消费者的普遍欢迎，她的这个决定获得了极大的成功，当然这点小小的成就是不能让她满足的，接着她开了很多分店，把自己制作的玉米饼卖到了更远的地方，更多的城市。直到最后，姨母感觉到工作太辛苦了，这位年轻妇女便买下了她的股份，完全拥有了这家公司。

靠着自己的努力和细心经营，她创办的小玉米饼店铺成为全美最大的墨西哥食品批发商，拥有员工300多人，她的事业得到了很大的发展，而这些成就的取得只是在短短的几年时间。

她和两个儿子经济上有了保障之后，这位勇敢的年轻妇女便将精力转移到提高她美籍墨西哥同胞的地位上，在她看来一个梦想实现了，就要有新的更大的梦想，这些梦想是刺激她如此努力的理由，而且她还深深地懂得，这些梦想的实现，要靠自己艰辛的努力和非凡的劳动，离开这些，一切都无从谈起。

"我们需要拥有自己的银行"。她想。后来她便和朋友在东洛杉矶创建了"泛美国民银行"。这家银行主要是为美籍墨西哥人所居住的社区服务。现在，银行资产已增长到2200多万美元，在这之前抱有消极思想的专家告诉她："不要做这种事。"他们说："美籍墨西哥人不能创办自己的银行，你们没有资格创办一家银行，同时永远不会成功。""我行，而且一定要成功。"她平静地回答说。结果她真的梦想成真了。她与伙伴们在一个小拖车里创办起他们的银行。可是，到社区销售股票时却遇到另外一个麻烦，因为人们对他们毫无信心，她向人们兜售股票时遭到拒绝。

　　他们问道："你是怎么成功的呢？""要知道很多人都失败了啊"，她的回答是：制定自己的目标，然后坚持不懈的努力，即使在这个过程中会遇到各种各样的困难，我都坚信自己的梦想能够实现。的确，她用自己一个个实际的行动成就了今天的梦想，如今，这家银行取得伟大成就的故事在洛杉矶已经传为佳话。后来她的签名出现在无数的美国货币上，她由此成为美国第三十四任财政部长。

　　看了上面的例子，我们也许会心潮澎湃，感慨良多，一个起点那么低的人居然能取得如此大的成就，我们在羡慕别人的同时，不妨多想想别人成功的原因。在我们的实际工作中，我们有自己的梦想吗？我们为了自己的梦想付出实际行动了吗？

要不失时机地完成飞跃

　　有这样一个寓言故事，一个人很幸运的遇到了一个神仙，这个神仙告诉他说，不久你的人生就要发生很大的变化，你可能会得到很多的财富、很高的地位，并且能娶到一位貌美的妻子，听了神仙的话，这个人深信不疑，就什么都不再做了，天天等着这一天的到来，可是一直到死他都没有等来这一天。他死后，又遇到了那个神仙，他对神仙说："你说过要给我财富、很高的社会地位和漂亮的妻子，我等了一辈子，却什么也没有。作为神仙你怎么可以骗人呢？害得我等了那么久，把我的一生都搭进去了。"

　　神仙回答他："我没说过那么肯定的话。我只承诺过要给你机会得到财富、一个受人尊重的社会地位和一个漂亮的妻子，由于你自己的不珍惜，这些机会都从你身边溜走了。"这个人迷惑了，他说："我不明白你的意思。"神仙回答道："你记得你曾经有一次想到很好的创意，这个创意很可能给你带来巨大的财富，可是你没有行动，因为你害怕失败而不敢去尝试？"这个人点点头。

　　神仙接着说："因为你没有去行动，你的这个创意几年以后被另外一个人想到了，那个人真的去做了，他后来变成了全国最有钱的人。还有，你应该还记得，有一次发生了大地震，很多人都被埋在了废墟之下。这个时候你原本有机会去帮忙拯救那些存活的人，可是你因为怕小偷会趁你不在家的时候，到你家里去打劫偷东西，你以这作为借口，故意忽视那些需要你帮助的人，而只是守着自己的房子。"这个人不好意思地点点头。

　　神仙说："那是你去拯救几百个人的好机会，而那个机会可以使你在城里得到多大的尊崇和荣耀啊！而你这样的尊严和荣耀都不想要，那你还要什么呢？"

"还有，"神仙继续说，"你还记不记得你遇到过一个美丽的女子，你深深地被她吸引了，你第一次这么喜欢过一个女人，之后也没有再碰到过像她这么好的女人。可是你想她不可能会喜欢你，更不可能会答应跟你结婚，你因为害怕被拒绝，就让她从你身旁溜走了。"这个人又点点头，这次他流下了眼泪。

神仙说："可怜的人啊，就这个女子！她本来该是你的妻子，你们原本会生好几个漂亮的小孩，而且跟她在一起，你的人生将会有许许多多的快乐。"

看了上面的故事，我们都明白其中的道理，在我们身边，每天都会围绕着很多的机会，包括爱的机会。可是我们经常像故事里的那个人一样，总是因为害怕而停止了脚步，结果机会就溜走了。直到我们意识到我们失去这些机会的时候，才后悔莫及，而这个时候，一切都已经晚了。

不过我们比故事里的那个人多了一个优势：我们还活着。我们可以从现在起去抓住那些机会，我们可以开始去创造我们自己的机会。

如果自己不去创造机会，那么就很可能被社会埋没了。所以我们要善于创造、把握机会，机会对每个人都是一样的。

唐代大诗人白居易没成名之前就已经才高八斗，满腹经纶了，但仍旧不被人所知。白居易初到长安，由于自己名气还小，所以他想给自己创造一个机会，于是便毛遂自荐到当时的社会名流顾况之处。顾况一听，有一个叫白居易的人，顿时讥讽道："长安米贵，要在此地居住下来可不容易！"

但当他读完白居易的那首《赋得古原草送别》时，对白居易的评价就大不一样了，一见开头两句："离离原上草，一岁一枯荣。"觉得很有味道，读到"野火烧不尽，春风吹又生"时，拍案叫绝，叹道："有如此之才，白居易！"于是，立即召见，并大力地推举了他，使白居易很快便在京城长安名声大扬，站稳了脚跟。可见机会都是靠自己去创造并抓住的。机会向来是偏爱那些有心的人，它只留意那些有准备，有头脑的人，只垂青那些懂得追求它的人，只喜欢那些敢于付诸行动的人。碌碌无为，无所用心，或遭遇挫折就悲观失望，灰心丧气，那么，机会是不会自动送上门来的。"自古英才多磨难，纨绔子弟少伟男。""美辰良机等不来，艰苦奋斗人胜天。"这些诗句正表明了把握机会，寻求机会对我们的人生是多么重要。做一个有准备的人，当机会来临的时候，伸手去抓住它，然后利用这个机会完成自己人生的一次飞跃。

第七章

好的工作状态
助你开创属于
自己的事业

当今的时代，每一个奋斗在职场中的人如果要保持良好的工作状态，不仅要提高自己的科学技术水平，更需要提高的是自己的综合素质和修养。一个人在做事时，是否拥有不达目的不罢休的决心，是衡量一个人品格的标准之一。坚持的力量是巨大的，他能让很多不可能的事情变成活生生的现实。许多人都肯随众向前，他们在情形顺利时也肯努力奋斗；但是在大众都选择退出，他即使在孤军奋战时仍然坚持着不放手，这就更难能可贵了。这是需要坚韧的毅志力。只有保持良好的工作状态，才有可能开创属于自己的事业。

要在工作中
不断地丰富自己

当今的这个时代，科学技术突飞猛进，发展速度让我们目不暇接。在信息大爆炸的今天，每一个奋斗在职场中的人，不仅要提高自己的技术水平，更重要的是提高自己的素质和修养。如果不这样做，我们很快就会落在这个时代的后面，跟不上生活的节奏，最终面临被淘汰的危险。

有关部门做过统计，在我国的3500万商业职工中，平均文化程度仅上过6.3年学，还没有达到初中毕业水平。如果把个体从商人员算在内，恐怕这个水平也无法达到。这个水平仅比农民文化程度高些，比其他许多行业都低。但是这些人之所以能取得成功，他们的秘诀就是不断地学习，不断地提升自己，正是靠着这个，他们才能在竞争激烈的商战中取得胜利。

当今世界是一个开放的世界，这个世界上的所有东西都能成为我们利用的资源，但是这些资源往往都隐藏在一些角落里，不仔细寻找是很难发现的，作为一个聪明人，我们就要不断地提高自己寻找这些资源的能力，让自己的眼光更敏锐，视角更独特，只有这样我们才会发现别人发现不了的工作方法，别人没有注意到的商机，我们就能先人一步，快人一步，就能够赢在起点，为自己以后的发展打下牢固的基础。

这是美国东部一所大学期终考试的最后一天，这里的学生经过几年的学习之后，终于要离开学校，走向更为广阔的社会了，这是他们的最后一次考试，学生们对这场考试都充满着期待。在教学楼的台阶上，一群工程学高年级的学生挤做一团，正在讨论几分钟后就要开始的考试，他们的脸上充满了自信，因为他们在这几年当中用心去学习了，需要掌握的知识都掌握了。这是他们参加毕业典礼和工作之前的最后一次测验了。一些人在谈论他们现在已经找到的工作；另一些人则谈论他们将会得到的工作。带着经过4年的大学学习所获得的自信，他们感觉自己已经准备好了，并且能够征服整个世界。

他们知道，这场即将到来的测验将会很快结束，因为教授说过，他们可以带他们想带的任何书或笔记。要求只有一个，就是他们不能在测验的时候交头接耳。

考试开始后，他们兴高采烈地冲进教室，迎接着最后一场考试。教授把试卷分发下去。当学生们注意到只有5道评论类型的问题时，脸上的笑容更加生动了，因为这些题目对他们来说太简单了。

3个小时过去了，考试的时间到了，教授开始收试卷了。学生们先前的自信没有了，他们的脸上是一种极其失落的表情。没有一个人说话。教授手里拿着试卷，面对着整个班级。

他俯视着眼前那一张张焦急的面孔，然后问道："完成5道题目的有多少人？"没有一个人举手。"完成4道题的有多少？"仍然没有人举手。"3道题？"学生们开始有些不安，在座位上扭来扭去。"那一道题呢？"

整个教室还是一样的鸦雀无声。

"这个结果是我早就想到的，你们不要太沮丧了。"教授说，"我只想告诉你们一个深刻的道理，即使你们已经完成了4年的学习，关于这项科目仍然有很多的东西你们还不知道，在今后的工作中，你们还要不断地学习，不断的去提高自己。这些你们不能回答的问题是与每天的普通生活实践相联系的。"然后他微笑着补充道："你们都会通过这个课程，但是记住——即使你们现在已是大学毕业生了，你们的学习仍然还只是刚刚开始。"随着时间的流逝，教授的名字已经被遗忘了，但是他教的这堂课却没有被遗忘。

对学习没有兴趣，或是"忙得没功夫看书"的人，终会被时代的激流无情的淘汰。

　　汽车大王福特年少时，曾在一家机械商店当店员，周薪只有可怜的2.05美元，但他却每周都要花2.03美元来买机械方面的书。当他结婚时，除了一大堆五花八门的机械杂志和书籍，其他值钱的东西一无所有。就是这些书籍，使福特向他向往已久的机械世界迈进，开创出一番大事业。功成名就之后，福特曾说道："对年轻人而言，学习将来赚钱所必需的知识与技能，远比积蓄财富来得重要。"

　　所以在我们工作的同时，一定要抽出时间多读读书，学学习，不断地丰富自己，完善自己。

要拥有坚定的
信念和意志

许多人之所以几经奋斗终不能获得成功，究其原因并不是他们没有能力、没有诚心、没有希望，而是因为他们没有坚强的决心，这部分人做起事来往往是虎头蛇尾，东拼西凑。他们总是不断地怀疑自己是否能够取得成功，永远决定不了自己究竟要做哪一件事，自己的兴趣点在哪里，自己未来的方向到底在哪里。有时他们看好了一项工作，以为有绝对成功的把握，但是一遇到挫折就对自己当初的选择产生的怀疑，就放弃了已经做出的努力。他们有时对目前的地位心满意足，但不久又产生种种不满的情绪。这种人到头来总是以失败告终，对他们所做的事不仅别人不敢担保，而且连他们自己也毫无把握。

假如你没有坚定的信念和意志，那你永远不会有成功的一天。

一个意志坚定的人，面对挫折的时候不会发生动摇，无形之中能给人一种最可靠的保证，他做起事来一定认真负责，充满着对成功的渴望。打个比方来说：一位建筑师做好图纸之后，建筑师若完全依照图样，按部就班地去动工，一所理想中的大厦不久就会成为实物；倘若这位建筑师一面建造，一面不断地修改自己的图纸，试问这所大厦还有成功之日吗？因此，我们做任何事，事先应确定一个主意，一旦主意下定之后，就千万不能再犹豫了，应该遵照已经定好的计划，按部就班去做，不达目的绝不罢休。

成功有两个非常重要的条件：第一个是坚决；第二个是忍耐。人们最相信的就是意志坚决的人，当然意志坚决的人有时也许会遇到艰难、困苦和挫折，但他绝不会惨败得一蹶不振，他会仔细寻找自己失败的原因，很快她振作起来，重新开始。我们常常听到别人问："他还在干吗？"这就说明："那个人的前途还没有绝望！"

只要拥有坚强的意志，一个庸俗平凡的人也会有鲤鱼跃龙门的一天，否则即使是一个才华卓越的人，也只能遭遇失败的命运。

不屈不挠、百折不回的精神是使我们获得成功的基石。卡勒先生说："许多青年的失败，都应归咎于他们没有恒心。"事实也的确如此，大多数青年，虽然有一些才干，也都具备成就事业的能力，但他们缺少恒心、缺少耐力，只能做一些平庸安稳的工作，一旦遭遇些微的困难与阻力，就立刻退缩下来，裹足不前。

拥有坚韧的意志，是一切成就大事业的人所具有共同特征。他们或许缺乏其他良好的品质，或许有各种弱点与缺陷，然而他们具备了坚韧的意志，他们就会朝着自己选定的方向努力下去，即使会遇到不顺，但是他们从来不会想要放弃。这是所有成就大事业的人所绝不可缺少的涵养。劳苦不足以使他们灰心，困难不足以使他们丧志。不管处境如何，他们总能坚持与忍耐，因为坚韧是他们的天性。

青年人可以用"坚韧的意志"作为自己的资本，去从事他们所追求的事业，因为没有坚韧的意志是很难取得成功的，坚韧的意志是我们在失败的时候支撑我们的东西。他所能取得的成功，比那些以金钱为事业之本的青年还要大。人们的成功史已经证明，"坚韧"可以使人摆脱贫穷，可以使弱者变成强者，可以把无用变成有用。

卡耐基曾经说过，很多人成功的秘密，就在于他们不怕失败，他们相信失败是成功之母。他们心中想要做一件事时，总是拿出全部的热诚，竭尽全力，全力以赴，从来没有想过有任何失败的可能。即便他们失败了，也会立刻站起来，保持更大的决心向前奋斗，直至成功为止。

作为普通的人，他们在事业上一经失败，就会一败涂地，一蹶不振，再也没有站起来的勇气。而那些有坚强毅志力的人则能够坚持不懈，直到自己成功的那一天。那些不知怎样才算受挫的人，是不会一败涂地的。他们纵有失败，也从不以那个失败作为最终的命运。每次失败之后，他们会以更大的决心、更多的勇气站起来向前进，直至取得最后的胜利！

有这样一个故事：

"今天只学一件最容易的事情，每人把胳膊尽量往前甩，然后再尽量往后甩，每天做300下。"老师说。

一个月以后有90％的人坚持。

又过了一个月仅剩下80％的人坚持。

一年以后，老师问："每天还坚持300下的请举手！"整个教室里，只有一个人举手，他后来成为了世界上伟大的哲学家。

这是关于柏拉图年轻时求学的故事。

从这个故事中我们可以明白一个道理：成功没有秘诀，如果非要说秘诀的话，那就是坚持不懈。任何伟大的事业都来自坚持不懈，毁于半途而废。罗马不是一日建成的，没有人能随随便便成功。其实，世间最容易的事是坚持，最难的事也是坚持。说它容易，是因为只要你愿意，你就能做得到；说它难，是因为能真正坚持下来的人需要付出很大的勇气。巴斯德有句名言："告诉你使我达到目标的奥秘吧，我唯一的力量就是我的坚持精神。"

小强高考落榜后，由于家庭的贫穷，他和同村的5个伙伴同时进入东莞的一家皮革公司打工。这家公司是一个私营企业，规模很小，才刚刚起步，全公司只有300余名工人，主要生产地板胶和人造皮革。公司的老板是个50来岁的男子，人很友善，也很讲义气。然而公司正处于创业阶段，利润不高，工人的工资就相对要低一些。不到半年，和小强一同来的几个员工都因为薪水低而辞掉了工作，找更高工资的工作去了。

小强希望他的老乡再等等看，但是他的老乡都不愿意这样做，还说小强是一个十足的傻瓜，守着这么一个刚成立的公司怎么能拿高工资呢？但小强不这么认为，他是一个很有眼光的人。通过长时间的观察，他看到公司的老板是一个很有事业心、很有能力、能干大事的人。老板平时只要不外出跑业务，就跟工人们同吃同住同干活，重活、脏活老板总是抢着干，一心扑在了公司里；另外老板很讲诚信，不管公司经营多么困难，也从不拖欠工人工资，每月都按时给工人发放工资，这点最让小强感到难得。就这样，工人们换了一茬又一茬，小强却坚持留了下来。

小强相信老板的能力，相信自己的判断力，而老板也看中了勤劳肯干的小强。一天晚上，老板请小强吃饭时问他："我这里工资低，你的同乡都走了，你为什么不走？"小强回答："我相信用不了多长时间，我们的公司就会壮大起来。"老板说："你这么肯定？"小强说："因为我相信你，也相信我自己。"老板爽朗地大笑起来，他拍着小强的肩说："好小子，从明天起你就调到生产部学技术，我相信你，你和我是朋友了，我们一起好好干！"

从这天起，小强带着强烈的责任感更加积极地工作，认真地学习。在小强的心里，他感谢老板对自己的信任和栽培，同时他也清楚地认识到，只有真正掌握技术，才能够帮助公司取得新的发展，才能摆脱传统意义上城里人对"农民工"的定位。在两年多的时间里，小强每天白天跟着生产部的工程师们一起苦学技术，亲自操作机器；晚上和节假日，他就用休息的时间给自己"充电"。这个只有高中学历、没有真正学过一天技术的青年不仅把来打工时带的高中课本认真学习了一遍，又到新华书店买来大学英语和化学教材。渐渐地，原来在公司里只能干些体力活的小强竟成了公司的技术骨干，有几次，生产中遇到技术上的难题，由小强提出的合理化建议都被公司采纳了。

两年后，公司开始向外发展，先后在武汉、唐山等地设立了4个分厂。同时，公司又把发展的目标指向国外，他们首先选定在非洲中部的尼日利亚投资建厂。

　　此时的小强通过自学，已经熟悉了各种操作，他全程参与了公司在尼日利亚投资建厂的工作。工厂建成后，老板把他留在那里任经理助理，负责工厂的原料采购和生产管理。面对肩头的重任，小强再次明显地感觉到自己掌握的知识太少，于是他又开始拼命地学习，仅一年时间，他已经会说一口流利的英语以及当地的叶鲁巴语，还结交了许多非洲朋友。

　　如今，小强已经是公司的一名高层管理者了。他的侃侃而谈、博学多才使很多非洲的合作伙伴都钦佩不已。但小强仍保持着中国农村青年的勤劳与朴实。他谈到今天的工作时会很平静地说："我从来没有感觉自己现在与别人有什么不同，我仍然跟工人们工作在一起、吃在一起、住在一起，这对我来说将是一个新的学习过程。我想告诉所有的年轻人，只要不断努力、不断学习，就能不断的取得成功。"

今天的一小步就决定着你的明天

20世纪80年代初，高中毕业的潘慰就跟着父母一道去了香港。初到香港，潘蔚就开始找工作，但是由于她的学历太低，很多公司就连实习的机会都不肯给她，但她是个倔强的女孩，她不甘心就这样失败，为了在香港生存下去，潘慰决定自己创业。在家人的帮助下，经过细心的考察之后，她开始投资食品贸易，因为这个行业在香港的市场非常广阔。

凭着良好的信誉和敏锐的市场洞察力，潘慰的食品生意越做越大，她把中国南北方的食品在自己的工厂进行筛选和重新包装，然后卖到国外。但是由于积累的欠款太多，很多账要不回来，潘蔚的公司陷入了困境。继续自己的食品业，已经显得力不从心了，因为这样的企业生产模式，需要大量的流动资金作为保障，而且这个行业门槛低，竞争力大，做起来已经很难了，这时候，潘蔚就开始考虑退出传统的食品业，但是一时又找不到合适的项目。

就在这个时候，属于潘蔚的机会终于来了，香港商界决定组成一个考察团，潘慰很快报了名。考察团先后去了德国、意大利、日本等许多国家找项目，经过冷静的分析，潘慰心里的构想慢慢成形，那就是将日本的味千拉面引入中国，她觉得这种做工讲究，味道鲜美的拉面在中国一定具有广阔的市场，后来的结果也证明了潘蔚眼光的无比独特。

潘慰深知机会来之不易，回到公司后，她不敢有任何的懈怠，马上开始着手引进味千拉面的工作。为了首先拿到味千拉面在中国的代理权，潘慰带着她的创业团队，亲自到九州岛请来味千拉面的崇光社长，并带他来深圳看她的工厂，甚至带他去大山里看她们采购的柿饼。她的诚意最终打动了崇光社长，原本不向外界传授的味千拉面的配方终于向潘蔚打开了大门，掌握味千拉面的核心技术后，潘蔚的第一家味千拉面在香港开业，深受香港市民的欢迎，当月即实现了赢利。

但是新的问题也随之产生了，在香港卖得很好的味千拉面来到国内之后的情景却发生了变化，吃的人并不多，一直处于亏损状态，为此潘蔚也十分的困惑。

一天，潘蔚刚吃完饭后，父母便来电话让她到一家西餐厅吃饭。潘蔚到了之后发现父母还没来。闲着无聊，潘蔚便开始仔细寻思中西餐厅的利弊，想着想着，潘蔚的眼睛顿时一亮，就这么办！

潘蔚给父母打了电话后就回了公司，紧急召开员工大会，在会上，潘蔚提出了具有内涵的快餐拉面的想法：打造介于西式快餐和中式传统餐饮之间的"快速休闲餐厅"。

潘蔚的这个决定获得了巨大的成功。由于味千拉面巧妙地结合了中餐的口味、营养和西餐的快速，快速休闲餐厅一经推出，就受到了顾客的青睐，一时间成为上班族就餐的首选。短短半年时间内，味千拉面就实现了赢利一百万的预期目标，接着味千拉面的加盟店如雨后春笋般的出现在中国的各个城市，无论在哪个城市，味千拉面都受到了市民极大的欢迎，都取得了很大的成功。2007年无疑是味千拉面在中国最具有纪念意义的一年，这一年味千拉面迎来了它的春天：全国共开设了167家分店，潘蔚创办的味千（中国）控股有限公司成功登陆香港联交所，正式成为一个上市企业，在制造90亿创富神话的同时，也打破国内连锁餐饮企业从未在境外上市的局面。此后的三年，味千拉面一直缔造着它的饮食神话，使潘蔚两次蝉联"胡润餐饮富豪榜"榜首，而潘蔚的多品牌餐饮经营平台也在如火如荼地发展着。

从一个找不到工作的高中生到拥有一家市值达到90亿元的企业，个人财富近50亿元的成功企业家，潘蔚的成功并不是一帆风顺的，她也是靠长期的积累实现的，是一步步坚实地走过来的。正如潘蔚所说的那样：今天的一小步就决定着明天的一大步，要想获得成功，就从今天的努力开始。

梦想需要
具体的行动去实现

有这样一个故事，有两个非常要好的朋友，他们从小一起长大，有一天两个人决定一起去一个很遥远的地方寻找他们想要的幸福和快乐，一路上他们忍饥挨饿，沐风栉雨，历尽千辛万苦，在快要到达目的地的时候，被一个无边无际的大海挡住了去路，这片大海风高浪急，要想过去是一件非常困难的事情，但是这片海的对岸就有他们想要的幸福和快乐。在如何渡过这片海的问题上，两个人的意见产生了分歧，其中一个人主张就近取材，打造一条木船过海，另一个人却说造船多麻烦，等海干枯了我们再过去不就可以了吗？

于是，一个人开始早起晚归，不停地寻找木材打造船只，并且顺带学习游泳。另一个人则是，吃完睡，睡完吃，幻想着大海干涸的那一天的来到。直到有一天朋友造好了船，准备出发的时候，等海干涸的朋友还耻笑他做法的愚蠢，说乘船太危险，还是要等大海干涸了再前进，这的确是一个极其"聪明"的伟大创意，但是估计他最后是绝对等不到大海干涸的，也必然会以失败告终，而造船的人最终渡过了大海，找到了幸福和快乐。

我们常常听到人们有着各种各样的梦想，每一个梦想听起来都很光鲜美丽，但在现实中，我们却很少真正为自己的梦想努力过。人们热衷于谈论梦想，而不是去实现梦想。

在当今的影视界，王宝强可以说是一个炙手可热的人物，了解王宝强成功之路的人，都会为王宝强勇于追逐梦想的艰难历程所感动。王宝强出生在河北省南和县一个普普通通的农民家庭，1992年6月的一天晚上，村里一户有钱人家办喜事，在打谷场上放电影《少林寺》。就是这部电影让只有7岁的小宝强突然产生了一个梦想：去少林寺当和尚、练武功，将来像李连杰那样拍电影。

为了实现自己拍电影的梦想，7岁的王宝强就去了少林寺。从此，王宝强每天凌晨3点就要被师傅喊起来练武，一直要练到晚上10点多，十年如一日，从来没有停止过。那段时间，王宝强要剃光头，吃素食。每天练功结束都感觉浑身疼痛，有时疼得受不了，连喝水吃饭都非常困难。但王宝强一想到自己的电影梦就觉得这点苦根本不算什么。

在少林寺苦练了6年后，王宝强怀揣着自己的电影梦来到北京寻找机会，为了能让自己在北京生存下去，王宝强一边打工一边寻找着拍戏的机会，虽然这样的生活很累、很苦，但是王宝强一想到自己的梦想，就会咬牙坚持下去。功夫不负有心人。王宝强的机会终于来了，有一天正好是电视剧《银鼠》的导演挑群众演员，导演问他："会打吗？""会，我在少林寺学过6年。"就这样，王宝强被选中了。导演让他做替身刺客。这场戏拍了整整一夜，他一下拿到100元钱。王宝强说，之前他再怎么想家，生活再怎么难，他都没有哭，但这次他哭了。此后，王宝强接连找了几个替身的活儿。穿越火场被烧伤，从高空摔下摔伤，为了能在镜头前多露几秒钟的脸，王宝强不知吃了多少苦，但是第一次拍电影的王宝强还是感到无比的开心。

通过多年的坚持和打拼，2002年王宝强迎来了自己人生的第一个转折点。2002年年初的一天，王宝强蹲在北影厂门口等戏时，从朋友那里得知一部叫《盲井》的戏正在选演员。"那天导演让我们每个人录了一段自我介绍。"第二天，让王宝强没想到的是，有人打电话给他，让他去试镜，王宝强打动导演的正是他憨厚朴实的笑脸。

这部《盲井》不仅让王宝强拿到了人生当中第一笔可观的片酬，而且让他获得了台湾金马奖最佳新人奖。终于演了电影！王宝强是主角，还获了奖！王宝强激动极了。

2004年，冯小刚的贺岁大片《天下无贼》在决定选用刘德华、刘若英等明星出演时，一直没有找到适合剧中另一主角"傻根"的演员。直到冯小刚偶然看到电影《盲井》之后，他才在片中那个憨厚淳朴的王宝强身上找到了"傻根"的影子。通过《天下无贼》这部电影，人们记住了傻根，记住了王宝强。

也许有人会说，王宝强的成功是来源于他的幸运，遇到了好导演，好影片。可是在幸运的背后，我们还要看到王宝强的努力，看到他为了梦想而勇于拼搏的心。

第八章

执行力代表着
你的工作能力

作为一名合格的员工，我们首先要了解的就是自己的工作，要明确自己该做什么，在什么时候做，用什么方法做，只有明白了这些，才能发挥主动性，在自己的工作中游刃有余，少犯错误。员工一旦接受了上级的任务就意味着作出了承诺，就意味着自己要完成这项任务。员工执行力的强弱代表着他的工作能力，它不但是一名员工是否优秀的标准之一，同样也是决定一个团队成败的重要因素，是构成一个团队核心竞争力的重要环节。

要明确自己的
工作职责

　　要想把属于自己的工作做好，不但要有过硬的工作本领，而且还要明确自己的岗位职责，只有我们知道了做什么，才能知道怎么做，才能知道怎么去把它做好。

　　一个聪明的员工，一个善于工作的员工，大多是对自己工作职责把握比较准确的员工，一个公司就像一个复杂的机器，每一个部门，给一个员工就是构成这个机器的一个个零件，无论这个零件大小，都有其不可替代的作用，任何一个零件出了问题，这个机器不是运转缓慢，就是无法正常工作。作为一名合格的员工，我们首先要了解的就是自己的工作，要明确自己该做什么，在什么时候做，用什么方法做，只有明白了这一点，才能在自己的工作中游刃有余，少犯错误，如果不明确自己的岗位职责，不是想不到，就是做不到，有时候甚至是不该自己做的自己也做了，结果却帮了倒忙，还会受到他人的埋怨和领导的批评。

　　蒙牛集团是我国一个大型的乳制品生产集团，我看过关于蒙牛集团创始人牛根生有过这样一段访谈，当主持人问牛根生"面对这样一个庞大的企业，您是怎么样去进行管理的"，牛根生回答的很简洁："让每个人知道做什么，让每个人知道怎么做。"虽然是一句简短的回答却给我讲了一个很深刻的道理，那就是作为一名员工，明确自己的岗位职责十分重要。牛根生接着讲了一个小故事：说的是几年前的一个事情，那时候公司进来了很多年轻人，其中有一个年轻人工作能力很强，工作热情也很高，在面试的时候给牛根生留下了很深刻的印象，因此牛根生把他安排在了一个很重要的岗位，但是没过多久，牛根生就得到了一些关于这个年轻人的不好的消息，就是这个年轻人工作热情很高，但就是不知道自己应该去做什么，属于自己的工作总是做不好，而且还总是越俎代庖，做一些不属于他的事情，从而导致这个部门的工作效率低下，影响了大多数人正常的工作，牛根生知道这个情况后主动找这个年轻人谈了一次话，牛根生对这个年轻人说自己年轻的时候也是这样，总觉得自己精力充沛，在公司里什么事都想管一管，当然这种积极性和上进的工作精神是值得肯定的，但这种工作方法是错误的，在公司里各种各样岗位的设置都有它的必要性，作为一个员工要想有所进步，首先要顶着自己的一亩三分地，首先把自己的工作做好，只要这样，你才能得到同事的认可和领导的肯定，要是不明白自己的岗位职责，眉毛胡子一把抓，不但自己的工作做不好，而且也会影响到别人的工作和全面工作的整体进度。这个年轻人听了这番话后回去做了一次认真的个人总结，新的一周上班后，他的状态发生了质的变化，对待自己的工作兢兢业业、一丝不苟，把自己的工作处理得井然有序，很快他的成绩得到了全公司人的认可，他的职位也得到了很快的提升，如今这名年轻人已经成长为公司的主要领导人之一，试想如果这个年轻人不及时调整自己，及时的去明确自己的工作职责，要想取得今天的进步是根本不可能的。

如今蒙牛集团还在以极高的速度在不断的发展壮大，但是牛根生对自己公司的管理理念还是没有变，在他的公司基本的管理理念只有十个字，那就是：服务、协调、指导、监督、考核。

服务——上级为下级服务、机关为基层服务、上道工序为下道工序服务、员工为客户和消费者服务，没有了这些服务，这个社会就可能无法正常运转。协调——协调企业与政府、企业与兄弟单位、企业内部门之间、员工之间的关系。指导——整体上的指导、业务指导，当教练不当运动员，不越级管理，任何一个单位一旦失去了协调，就会变成一盘散沙，杂乱无章。监督——

对下属部门和人员进行全方位、全过程地监督和检查。考核——实行全员、全方位地考核，并同工资挂钩，监督的缺失会导致我们的工作在一个自由的状态下运行，就会导致整个工作的混乱。这十个字看起来简单，但是里面蕴含的管理科学却十分的丰富，仔细分析这十个字我们可以发现基本的思路还是要企业的每一名员工明确自己的工作职责，各个部门紧密配合，高效地完成自己的工作。而员工是一个公司的最小工作单位，就像我们身体的一个个细胞，每一个员工工作的好坏直接关系到整个企业的发展，因此一个企业在考核一个员工是否合格的时候，首先要看的就是这名员工在规定的时间内是否保质保量地完成了自己该做的工作。

对待工作 要不折不扣

在我们接受了上级下达的任务之后，我们下一步要做的就是立即执行，不折不扣地把工作任务落实到位。

员工一旦接受了上级的任务就意味着作出了承诺，就意味着自己要完成这项任务。一旦我们无法兑现自己的承诺的时候，是不应该找任何借口和理由的为自己开脱，因为很多时候，我们的上司更加注重的是结果，而不是过程。所以，要完成上级交付的任务就必须具有强有力的执行力，使工作任务不折不扣地落实到位，这就对每一位员工提出了更高的要求。

喜欢足球的人都知道，德国国家足球队向来以作风顽强著称于世，因而在世界赛场上屡创佳绩。在我们看来德国足球成功的因素有很多，我们能说出很多理由来证明自己的观点，但有一点是至关重要的，那就是德国队球员在贯彻教练的意图、完成自己位置所担负的任务方面执行得非常得力，非常到位，即使在比分落后或全队困难时也一如既往，始终如一，你可以说他们死板不知道变通、机械而缺少灵活，也可以说他们没有创造力，不懂足球艺术，踢不出好看的比赛来。但成绩能说明一切，至少在这一点上，作为足球运动员，他们是优秀的，他们取得的荣誉是毋庸置疑的。无论是足球队还是企业，一个团队、一名队员或员工，如果没有完美的执行力，就算有再多的创造力也可能没有什么好的成绩。

还有一个例子也能很好地证明这一点。锋士·隆巴第，他是美国橄榄球运动史上一位伟大的橄榄球队教练，在他的悉心调教下，美国绿湾橄榄球队成了美国橄榄球史上最为可怕的球队，创造出了令人难以置信的战绩。看看锋士·隆巴第的言论，能从另一个方面让我们对执行力有更深刻的理解。

锋士·巴第总是这样告诉他的队员："我们的目标只有一个，就是不惜一切代价去取得胜利。如果不把我们的目标定在非胜不可，那我们就失去了比赛的意义了。不管是打球、工作一切的一切，都应该树立非胜不可的信念。"

这支球队正是有了这种坚强的意志和顽强的信心，在这种信念的感召下，绿湾橄榄球队的所有队员都拥有了不折不扣的执行力和战斗力。在比赛中，他们的脑海里除了胜利还是胜利，因为他们坚信最终的胜利者就是自己。对他们而言，胜利就是目标，为了目标，他们奋勇向前，锲而不舍。

巴顿将军在他的战争回忆录《我所知道的战争》中曾写到这样一个细节。

"要提拔人时常常把所有的候选人排到一起，给他们提一个我想要他们解决的问题。这样我就能很直观的做出比较和判断了，我说：伙计们，我要在仓库后面挖一条战壕，8英尺长，3英尺宽，6英寸深。他们过了几分钟后开始议论我为什么要他们挖这么浅的战壕。他们有的说6英寸深还不够当火炮掩体。最后，有个伙计对别人下命令：让我们把战壕挖好后离开这里吧。那个老畜生想用战壕干什么都没关系，我们的任务就是挖战壕，我们没必要去知道他的心思。"

最后，巴顿写道："结果那个伙计得到了提拔。我必须挑选不折不扣地完成任务的人，因为战争是残酷的，执行力很差的人，注定要再战争中丢掉性命。"

无论干什么工作，都需要这种可以有疑问，甚至有抱怨，但必须不折不扣地去执行落实的人。

一个最优秀的执行者，必定是不折不扣执行完所有任务的人；一个崇尚"完美执行"的人，必然是最优秀的执行者！他会把交给他的每一项任务都做得十分的完美。

曾经看过这样一个小故事：

一个替人割草的男孩打电话给王太太说："您需不需要割草？"王太太回答说："不需要了，我已有了割草工。"

男孩又说："我会帮您拔掉花丛中的那些杂草。这样，你的花丛就会更加的漂亮。"王太太回答："我的割草工也做了。"

男孩又说："我会帮您把过道边的草割齐，这样你的整个花坛就会显得格外的整齐。"王太太说："我请的那个人也已经做得很好了，还是要谢谢你，我不需要新的割草工人。"男孩就挂了电话。

这个时候，男孩的室友十分不解地问他："你不是就在王太太那儿割草打工吗？为什么还要打这个电话？"男孩说："我之所以要打这个电话，就是想知道我做得有多好！"想知道我还有没有需要改进的地方。

看到这儿，我们不禁会为小男孩这种认真负责的态度所折服，小男孩从事的工作是一件再简单不过的工作，但是小男孩却那样认真地对待自己的工作。

这个最求精益求精的小男孩告诉了我们一个道理：我们的态度决定了我们自身的价值！

让自己从现在起做一个完美的执行者吧！当我们经历过艰辛与困惑之后，我们就会发现，不折不扣地执行是我们事业成功的前提。

没有执行力，就没有竞争力

执行力的强弱不但是一名员工是否优秀的标准之一，同样也是决定一个团队成败的重要因素，也是构成一个团队核心竞争力的重要环节。比尔·盖茨就曾坦言："微软在未来10年内，所面临的最大挑战就是企业员工执行力的培养。"当然，我们不可否认创意、战略及经营方式的重要性，但是这一切的实现都需要强有力的执行力作为保障，没有了执行，这一切也只能是空谈。执行力的强弱，又直接反映出这些创意和战略是否发挥出其应有的作用。只有自发执行，才是有效执行，才是真正的执行。

有三个人同时到一家建筑公司应聘，经过笔试、面试之后，他们从众多的求职者中脱颖而出，成为这家建筑公司的一名员工。人力资源部经理对他们说了一声"恭喜你们"后将他们带到一处工地。那儿有几堆摆放得乱七八糟的砖瓦。

这位经理告诉他们，他们进入公司的第一份工作就是将那些砖瓦码放整齐，面对经理分配下来的这个任务，三个人面面相觑，表示不解。甲说："我们不是被录取了吗？为什么把我们带到这里？"乙对丙说："经理是不是搞错了，我可不是来干这个的。"丙说："现在说什么都没用了，既然他让我们干，那就有他的理由。"丙说完就开始干了起来，甲和乙无奈之下也跟着干了起来。还没完成一半，甲和乙干活的速度就明显的慢了下来，但是丙却还在继续干着。

就这样，等到经理回来的时候，丙的任务差不多已经完成了，甲和乙完成的还不到一半。经理说："下班时间到了，先下班吧，下午接着干。"甲和乙听到这句话，如释重负地离开了工地，丙却坚持把最后十几块砖码齐了。回到公司，经理告诉他们，这是他们最后的一次考试，在他们三个人之中丙被录用了。

有些人像甲和乙那样，接到任务后总会找各种理由进行推脱，能不干就尽量不干，能少干就尽量少干。很多工作总是在领导的一再催促、甚至是苦口婆心下才能勉强把事情完成。他们做事总好像是有人在背后逼着他们去做一样，而且他们在工作的时候还总是不停地抱怨老板的苛刻与小气，埋怨社会的不公平，并在工作中想方设法拖延、敷衍，只是每天算着领薪水的日子，工作对他们来说就像是负担。这样的人必然不能得到领导的赏识和提升，甚至随时都可能处在失业的边缘。

具有自动自发工作心态的员工，有着对任务一流的执行力。他们会自觉加班加点，尽最大努力把工作任务完成，他们时刻都在考虑怎样尽善尽美地完成工作。他们不仅会圆满地完成任务，还会为老板考虑，自觉提供尽可能多的建议和信息。这类员工因此得到重用和提升，自然也就拥有比别人更多成功的机会。

布鲁诺和阿诺德同时在一家商店里上班，并且领着一样的薪水。工作了一段时间后，阿诺德受到老板的器重，布鲁诺却没有任何进步。布鲁诺对此感到委屈，终于向老板那儿发了牢骚，希望老板能给他一个合理的解释。

老板耐心地听他抱怨后，对布鲁诺说："你到集市上看看有什么卖的吗？"很快，布鲁诺就从市场上回来了："只有一个农民在卖土豆。""有多少？"老板问。布鲁诺又跑了回去，回来告诉老板："40袋。""价格呢？"老板又问。"您没有让我打听这个。"此时布鲁诺已经累得跑不动了。"好吧，你休息一下，看看阿诺德是怎么做的。"于是老板把阿诺德叫来，吩咐他到集市上看一下有什么卖的。

阿诺德也很快从集市上回来了，他向老板详细汇报说："今天集市上只有一个卖土豆的，共40袋，价格是两角五分钱一斤。我看了一下，质量和价格都很好，给您带回来一个样品，另外我从这位农民那儿了解到西红柿的销量也很好，他的车上还有一些不错的西红柿，要不您同他谈一下吧，他现在就在外面等着呢。"

这时，老板转向布鲁诺说："现在你知道究竟为什么阿诺德能很快加薪升职了吧？"此时的布鲁诺脸红地低下了头。

工作需要我们主动去完成，每个公司都希望得到能积极主动的员工，这些公司也都努力把员工培养成对待工作自动自发的人作为企业的主要培训内容之一。积极主动的员工往往拥有很强的执行力，他能对上司分配下来的任务不折不扣完成的同时，还能就这个任务进行发散思维，从而把这个任务进行延伸，提前解决可能出现的新问题，进一步地提高工作效率，为公司创造更多的价值。

执行力是一个团队 取胜的关键

一个企业，一个公司往往是一个复杂的系统，由多个部门组成，每个部门往往有多个员工构成，要想是这个部门的运作更高效，除了对每个员工单个的执行力有要求外，还对整个团队的执行力要求很高，所以怎样把这些有执行力的员工有机的糅合在一起，从量变达到质变就显得格外重要。没有团队的相互配合，相互协作，要想完成一项任务是十分困难的。

在广阔的非洲大草原上，三只小狼狗一同围追一匹大斑马。面对着身材高大的斑马，为了获得食物，得以生存下去，三只两尺多长的小狼狗不顾一切的一拥而上，一条小狼狗咬住斑马的尾巴，一只小狼狗咬住斑马的鼻子，无论斑马怎么挣扎反抗，这两只小狼狗都死死咬住不放，经过一段时间的搏斗，身材高大的斑马最终被这三个小家伙吃掉了。

一只小狼狗和一只大斑马比起来各个方面都明显的处于劣势，，一对一是绝对不可能取得胜利的，但是三只小狼狗之所以能够击败大斑马，关键就是它们组成了一支优秀的团队，并分工协作，致力于共同的目标，心往一处想，劲往一处使，无论斑马做再大的挣脱，他们任何一个也不会松口，这样战胜大斑马就成了自然而然的事情。

同样地道理，在专业化分工越来越细密、竞争日益激烈的现代职场，需要各个员工、各个部门相互配合完成的工作越来越多，一个人单打独斗已经不能适应今天职场发展的需要。如果你能把自己的能力与别人的能力结合起来，提高整个团队的执行力和战斗力，所有的工作难题就会因为团队的力量变得相对简单起来，就会取得令人意想不到的成就。一个哲人曾说：你手上有一个苹果，我手上也有一个苹果，两个苹果交换后，每人仍然只有一个苹果。但是，如果你有一种能力，我也有一种能力，两人交换的结果，就不再是一种能力了。

一个人是否具有团队合作的精神，是否能让个人的执行力融入到整个部门中区，将直接关系到他的工作业绩。几乎所有的大公司在招聘新人时，都十分注意人才的团队合作精神，他们认为一个人是否能和别人相处与协作，要比他个人的能力重要得多。

一个缺乏团队精神的人，即使个人能力再强也不会有所作为。因为在这个讲求团队合作的年代，一名真正优秀的员工不仅要有杰出的工作能力，更要具备团队精神，个人的努力发挥在整个团队中，才能让自己的努力产生的事迹效果最大化，才能为公司创造更多的价值。

所以任何一个聪明的员工，都懂得把自己融入到整个公司之中，借助整个团队的力量去解决存在的问题、完成自己的任务，把整个团队当作自己的一种取之不尽用之不竭的资源。当你来到一个新的公司，你的上司很可能会分配给你一个难以完成的工作。上司这样做的目的就是要考察你的合作精神，他要知道的是你是否善于合作、善于沟通。所以一个善于融入团队的员工，善于团队合作的员工，往往也是老板所器重的员工，也是取得成绩最好的员工。

一位专家指出："现在年轻人在职场中普遍浮躁，很难融入到公司的团队中去，就很难发挥团队的整体优势，从而造成人力资源的浪费。这是因为他们缺乏团队合作精神，项目都是自己做，不愿和同事一起想办法，他们往往各自为战，每个人都会得出不同的结果，最后对公司一点用也没有，而那些人也不可能做出好的成绩来。"

社会发展到几天，竞争已经不再是单独的个体之间的斗争，很多情况下是团队与团队的竞争、组织与组织的竞争，任何困难的克服和挫折的平复，都不能仅凭一个人的勇敢和力量，而必须依靠整个团队。

　　有一位英国科学家把一盘点燃的蚊香放进了蚁巢里。在开始的一段时间，巢中的蚂蚁看到正在燃烧的蚊香，显得惊惶万状，但是没过多久，情况就发生了变化，很快便有蚂蚁向火冲去，对着点燃的蚊香，喷射自己的蚁酸。由于一只蚂蚁能喷射的蚁酸很有限，很多蚂蚁都失去了生命。但是这并没有阻止它们灭火的脚步，紧接着又有更多的蚂蚁投入"战斗"之中，它们前仆后继，几分钟便将火扑灭了。活下来的蚂蚁将战友们的尸体移送到附近的一块墓地，盖上薄土安葬了。

　　接下来，这位科学家又将一支点燃的蜡烛放到了那个蚁巢里。制造了一场比上次规模更大的麻烦，但是蚂蚁已经有了上一次的经验，它们很快便协同在一起，有条不紊地作战，不到一分钟，烛火便被扑灭了，而蚂蚁无一殉难。

　　从蚂蚁扑火的实验中可以看出，个体的力量是很有限的，单兵作战的战斗力也是非常有限的，在工作中只有相互配合，依靠团队的力量去解决问题，不但个人的工作容易得到解决，而且也是一个全队取胜的关键所在。

第九章

提高落实力，
高层先给力

落实是推进公司发展的必要条件，没有扎实的落实与执行，公司的发展只能是空谈。然而，要提高公司的落实力，首先要从高层开始。公司高层先在落实上下功夫，才能促进全体干部、员工在落实上下功夫。为此，高层要从公司战略与干部、员工的密切关系抓起，使公司每个职工都意识到自己在公司内部的价值与作用；培养员工精益求精的执行力；建立公司核心价值观、企业文化并将其内化在全体员工的心中，内化于他们的执行当中；建立良好的用人、奖惩、督促、检查制度，采用一系列有效措施，为公司的战略落实保驾护航。

让每一位干部和员工了解、理解公司的战略

干部和员工是公司企业最大的队伍，只有让他们熟悉公司企业的发展战略，了解公司和企业的每一个阶段性目标，才能使他们全身心地投入到公司发展的伟大实践中。

1. 公司战略的价值

当创业者摆脱小作坊、夫妻店的经营模式而迈入规模经营时，对他们未来发展方向产生忧虑、怀疑甚至不知所措。主要表现是：没有坚定的目标感，缺乏行业信心，价值观盲目多元，无危机感，随波逐流。

事实上，没有方向感的小公司的发展是很危险的。就像浮在汪洋大海上的一叶扁舟，在没有方向和动力感时被大海所吞没；也像一个没有方向盘的汽车，尽管动力十足，但是横冲直撞后难逃四处碰壁的命运。这样的困境就是员工缺乏战略理念的表现。

为解决这种状况，就需要公司高层拓展思路，进行战略知识的员工化传播。一般而言要从以下几个方面向员工宣传战略理念，使他们明白、了解。

①战略是以公司的未来发展为基点，为寻求和维持持久竞争优势而做出的长期性、全局性、前瞻性和相对稳定性的筹划和谋略，是公司的定位选择。解决了战略问题，也就解决了"我是谁？"、"我现在在哪里？"、"我要去往哪里？"的公司发展方向的问题。

②从业务管理向战略管理转变，不能只埋头拉车而不抬头看路。要从机会思考向战略思考进行转变，不能再迷恋和期待一次机会的得与失，而应注重

长远发展的成功，从长计议。

③重新审视自己所处的行业环境和发展趋势，看是朝阳产业还是夕阳产业，是限制性产业还是非限制性产业，是完全竞争、不完全竞争还是寡头垄断。

④找出自己与竞争对手的比较优势和劣势，在环境变化的威胁与不确定性中发现并抓住成功的机会。

⑤公司的经营战略一经确定不可能朝令夕改，但必须注意战略的适应性和灵活性，防止战略捆住自己的手脚，扼杀公司的创新活力。

⑥规模过小的公司，可以不制定战略，但至少也应该制定一个3-5年的商业计划。

战略管理是形成企业竞争优势的核心能力。战略落实的核心所在是将战略融入管理流程当中，将战略理念融化在干部和员工的头脑中、行动中。费雷德·大卫教授在其《战略管理思想》中将战略管理定义为：一门着重制定、实施和评估管理决策和行动的具有综合功能的艺术和科学，这样的管理决策和行动可以保证在一个相对稳定的时间内达到一个机构所制定的目标。战略管理集中研究综合和系统管理、市场营销、融资和财务、生产和操作、开发和研究、计算机信息系统等方面的问题，以保证机构目标的实现和成功。

可见，需要特别严肃地在企业内部进行深刻、细致的战略教育。

2. 如何做好战略的宣传与落实？

在公司管理者制定好战略决策之后，接下来最关键的一步就是要保证战略决策能够良好地贯彻实施，即落实与执行。这就要求干部、员工们承担起落实的责任，不仅要做事情，更重要的是把事情做到位。为了帮助干部、员工更好地落实公司的战略决策，公司高层首先要让全体干部、员工都能够清楚地了解企业的目标，对整体的战略、方法和措施都有深刻地了解。那种把制定战略和落实战略完全割裂开的做法是极其错误的。很多公司管理者都有这样的认识误区，认为员工只要负责具体工作就可以了，企业的战略只是企业高层的事。

其实，任何一项企业战略都需要所有员工的共同努力，员工良好的执行力只是锁定目标之后的一致性工作。如果干部、员工并不清楚自己的工作目标，也对自己所做的工作在公司发展的整体构架中占据如何重要作用都不明白的话，那就难以完成任务，管理者的战略决策也就得不到良好地执行。

要提高公司干部和员工的落实情况和执行力，首先要通过公司内部各级层次的交流和沟通，让领导、干部、员工了解整个战略而非仅知道自己所负责的一个环节。并使全体干部、员工都能够积极明确地承担起自己的责任，将每一项工作都做到位，首先要不断向干部、员工讲明企业的整体战略，得到他们的认可，这样才能带领他们向着一个目标共同努力，才能使员工清楚地知道自己的工作对于整个战略目标的影响，也就会督促他们承担起自己的工作重任，勉励他们一丝不苟地将手头工作做好。

为了提升干部、员工的落实力，管理者还要组织他们进行及时的培训。没有做好事情的能力自然就无法完成应做的工作。员工在掌握了良好的工作技能后，才会承担起相应的工作责任，并充分发挥积极性，将自己承担的工作做到尽善尽美。

3. 米其林将干部、员工作为公司战略的合作伙伴

干部、员工是每个公司的重要力量，他们推动着公司的发展。在战略人力资源部总监齐晓峰眼里，米其林把每个员工看作有思想并独立的个体，尊重员工是米其林一直信奉的价值观。在米其林，员工是公司的战略合作伙伴。

将干部、员工视为伙伴，米其林通过战略人力资源部门完成。与大部分公司不同，在米其林，HR部门被战略人力资源部门所取代，除一般公司人力资源的日常事务外，这个部门还掌握着未来3-10年米其林公司的发展方向、发展过程中对人的需求，从而主动寻找资源，配备公司未来的发展需要。因为米其林提倡尊重人的文化，公司并不挖角，而是因地制宜，靠系统内部培养人员，满足每个员工的职业发展需要。至今，米其林中国部的中高层管理人员全

部都是依靠内部晋升走上今天岗位的，而公司的员工流失率也不到市场平均水平的一半。

4. 如何让干部、员工与公司结为战略合作伙伴的？

每年九月米其林都会做第二年和未来三年的计划，一些大的投资计划每年也回顾一次。比如，公司在中国的某个城市拓展生产能力，准备把米其林全球设备的生产程序安装到中国。作为战略人力资源部负责人会参与到项目当中，会知道立项的时间、总投资数额、设备安装时间、应该生产什么样的轮胎、需要什么样的人、这些人控制什么规格的产品等。将这些信息告诉给职业生涯经理，要求他们清楚现在的员工里面谁最合适新项目的要求，这些人需要怎样的培训过程。公司会结合员工的现状安排他们的职业生涯发展计划。

职业生涯经理是战略人力资源部部门的员工，他们分布在米其林全球分支的各地方。一个员工来到米其林公司，有两个人会对他的职业生涯发展产生很大影响，一个是他的直接主管，一个是他的职业生涯经理。每个员工，不论职位高低，在米其林都会有一位职业生涯经理跟踪他们的发展。基于他们对个人、职业、培训和工作机会的了解，职业生涯经理承担着在员工个人发展与公司业务需求间寻求最佳匹配的责任，是米其林人才系统的中枢环节。在米其林，每300个白领会有一位专职的职业生涯经理，每500个蓝领会有一位专职的职业生涯经理。

直接主管与员工之间是短期或者中期的关系，而职业生涯经理是长期的关系。米其林的招聘体系是为员工终身的职业生涯准备的，所以职业生涯经理一直会陪伴着这名员工，并且他要了解员工三年、五年、十年以后的职业生涯梦想，根据公司未来业务发展需要，按照已有员工的期望和能力为他设计职业生涯路线。

米其林有一位员工刚到公司时是技术销售代表。经过与职业生涯经理的沟通，他接受了管理员工方面的培训，成为管理8-10人的区域销售经理，后来他又相继成为中国区销售代表培训部负责人、市场营销员、销售代表经理等。这当中他去海外参加了米其林家庭融入活动，了解了米其林的家庭和公司历史。经过集团销售市场的综合培训，2007年年初他会成为公司中国区销售和市场方面的职业生涯经理。

职业生涯经理和直接主管对某个员工的想法如果有冲突怎么办？

员工的直接主管负责员工目前的职业培训，职业生涯经理为员工未来的职业发展负责。职业生涯经理和主管一起做岗位的后备人员的计划，哪个工作需要谁，为了未来的工作某人需要什么培训，职业生涯经理要跟主管商量：在目前的群体当中，哪个人可以替代目前的这个人？另外，我们会充分考虑员工本身的想法。在米其林，没有任何一个主管拥有某个员工，员工是公司的签约者。如果职业生涯经理的意见是对的，员工表达的也是同样的期望值，即使主管觉得这个人干得很好，不希望他走，他也不会被强行留住，公司只会尊重员工的选择。

5. 不间断的培训是保障

米其林北京的办公地，二楼为办公室，一楼全部是培训室。可见，米其林非常重视通过培训的方式与干部、员工进行沟通。以此为渠道来促进公司对干部、员工的了解，同时也使干部、员工了解公司的发展战略、人才培养的模式以及企业文化。米其林作为一个尊重员工的企业，绝不挖竞争对手的人，即使竞争对手的成员来公司应聘岗位，也不会用。为培养能够胜任米其林公司的人才要求，他们将培训作为增进公司间职工相互了解的一种保障。

一个普通工程师进入米其林先会参加半年培训，之后会有大约三年的在职培训，这三年内他会对轮胎行业有一个透彻地了解。之后他会面临两个发展方向：一是朝着更专业的方向发展，成为设备或产品专家；另一个是向懂得技术知识的管理方向发展，可做车间的技术主管，带领生产一线的团队，再下一步就会成为制造经理。这样，让每一个员工一进公司就清晰地了解公司的发展战略，也使他们自己明白公司为他们提供的职业生涯规划。渐渐地，干部、员工对米其林产生了信任，职业生涯管理系统在新公司就建立起来了，就会更加促进干部、员工和公司之间的融洽关系，使干部、员工成为公司发展的战略伙伴就更长久了。

让每一位干部成为公司战略精益求精的执行者

让每一位干部成为公司精益求精的执行者，高层就需要大力培养中层干部，使他们意识到自己在公司内部的价值。高层要为中层的成才成长提供更好的更有利的环境。

1. 鼓励员工精益求精

我们都知道中层经理很重要，但是如何让他们自己感觉被重用并发挥重要作用呢？实践证明，需要中层经理的是他们强大的执行力，即落实策略。因此，要注重培养中层经理的执行力，这一点，世界500强有很多值得学习的经验。

"鼓励人们作出并实现自己的承诺，诚信的人在GE永远是受到欢迎的。"通用电气如是说，也如是做。给中层经理提供正式的机会来管理一个团队或一个业务部门，同时向他们提供管理方面的业务培训，使他们有机会接触公司高层领导，凭借高层的身体力行来教导中层干部如何成为一个高层领导，成为一个执行力强的高层领导。不仅如此，从CEO做起，由领导人亲自授课。

为培养中层干部的全球化意识和视角，通用让中层经理都来参与制定公司的全球化工作程序。一个人或许在北京的办公室工作，但他所做的工作可能会与欧洲、美洲的客户，德国、日本、法国的供货商进行大量的接触，让他们学会如何身处异地，站在全球化的视角上，客观、公正地做出正确的决策。

英特尔公司按照三个阶段来培养中层。第一阶段就是让中层对管理层的事情有更多的了解并熟悉工作流程和相关制度；第二阶段是管理业务技能的培训，训练他们如何去进行管理，如何去分解任务，如何去启迪基层；第三阶段是如何管人的培训，培训中层干部良好的沟通技能和发展员工的能力。

英特尔非常重视对人的管理，培训周期最长，分五个环节进行：第一步制定工作目标；第二步完成计划；第三步怎么帮助别人共同解决问题；第四步对员工如何实施管理；第五步对业绩好的员工将如何去强调和激励。

与通用电气一样，朗讯也设有自己的专业培训师团队，这一职务全部由高层领导担任，这同时也是考核高层领导的重要指标之一。他们认为，做领导的同时也要充当员工的老师，高级管理人员需要教书的能力。采用"出去学回来教"的方式，先培训高层的领导人，然后由领导人再来集中培训和个别指导中层的经理干部，以不断提高中层干部的与时俱进的执行力。

惠普规定中层经理可以自己决定接受什么培训，并设置"向日葵计划"来帮助中层经理不断地成长。首先是自我约束的阶段，不做不该做的事，强化自身职业道德；然后是进入自我管理阶段，做好应该做的本职工作，加强专业技能的培训与学习；第三阶段则是自我激励阶段，不仅要做好自己的工作，更要思考如何为团队做出更大的贡献，思考的立足点需要从以自我为中心转移到整个团队；最后是自我学习阶段，学海无涯，时时处处都能找到学习的机会。

2. 要求员工精益求精

精益求精，也要求每一位干部要树立落实的观念。将落实当作一种观念、责任和意志。

落实就是刻在干部心中的观念。喊得凶，抓得松，谓之"雷声大雨点小"，"光打雷不下雨"。干部的特长是习惯于在表态、开会、造势，而不愿在解决问题、狠抓落实上下功夫。如果干部的落实观念和态度不端正，就会对国家政策、上级指示、组织部署阳奉阴违，滋生出"上有政策，下有对策"，忙于"假落实"、"虚落实"，实质就是不落实。因此，公司各级干部要树立强烈的落实观念，积极稳妥地号召广大团队员工提升落实理念，做好工作落实。

落实还是一种责任。干部员工做好自己分内的事。任何成员，都要把组织提出的光辉前景、理想目标，当作自己的前景和目标来追求；应把组织制定的计划、措施当作自己所肩负的使命来实施；把组织所制定的规章制度，当作对自己的严格要求来遵守，不要事不关己，高高挂起。"落实"两字，字字千钧，企业每一位干部员工要切实担负起"落实"的责任，使自己的责任重担落在实处。

落实更是一种意志。说起来容易，做起来难。只要有持之以恒的毅力，坚定不移的意志。滴水穿石，那就是意志的力量，细绳断木，那是毅力的体现。干部员工要充分落实各项政策法规、工作部署，就必须拥有持之以恒的落实力、不折不扣的执行力，一步步地抓落实。做到将工作意志体现在工作落实中。

可见，每一个大型的，成功的公司和企业，高层领导都有开阔的思路，都非常重视中层经理和干部的培养。要想提高整个公司的执行力和落实力，公司高层领导首先要给力，要从自身抓起，从每个中层、每个储备干部抓起，扎扎实实提高他们的执行力，使每一位中层干部成为公司战略执行的中坚力量，成为公司精益求精的执行者。

让每一位员工了解公司的核心价值观

在国际化竞争愈演愈烈的势头下，每一个谋划发展的公司、公司领导、职工都应有"公司核心价值观"这么一个概念。那么，什么是核心价值观？这一问题比以往任何时候都有必要回答，因为它是凝聚公司员工的信念与精神。全体员工只有明确了那些凝聚人心的核心价值观，才有可能向着企业设定的目标奋勇迈进，才有可能在各种企业文化挑战之下，避免文化信仰危机的发生。

公司核心价值观是企业为实现自身使命而提炼出来并予以倡导的，用于指导员工共同行为的永恒的准则。它是一种深藏在员工心中的东西，决定并影响着公司员工的行为，它通过公司员工日复一日的行为而表现出来。核心价值观也是用以判断企业行为和员工个体行为正确与否的根本准则，它表明了企业要提倡什么和反对什么。

1. 核心价值观在名企

波音公司的核心价值观"永为先驱，尽善尽美"；宝洁公司的核心价值观"领导才能（Leadership）、主人翁精神（Ownership）、诚实正直（Integrity）、积极求胜（passion for winning）、信任（Trust）"；戴尔公司的核心价值观"通过重视事实与数据，建立对结果自我负责的信念来凝聚所有戴尔人"；杜邦公司的核心价值观"安全、健康和环保、商业道德、尊重他人和人人平等"；飞利浦公司的核心价值观"客户至上、言出必行、人尽其才、团结协作"；福特汽车的核心价值观"客户满意至上，生产大多数人买得起的汽车"；丰田公司的核心价值观"上下一致，至诚服务；开发创造，产业报国；追求质朴，超越时代；热情友爱，亲如一家"；本田汽车的核心价值观"实现顾客利益的最大化"；惠而浦的核心价值观"以自豪、热诚及卓越表现进入世界每个角落，每个家庭"；IBM的核心价值观"诚信负责、创新为要、成就客户"；爱立信的核心价值观"专业进取、尊爱至诚、锲而不舍"。

惠普的七大核心价值观"我们热忱对待客户；我们信任和尊重个人；我们追求卓越的成就与贡献；我们注重速度和灵活性；我们专注有意义的创新；我们靠团队精神达到共同目标；我们在经营活动中坚持诚实与正直"；汉高的核心价值观"我们开发更为优异的品牌和技术；我们立志品质卓越；我们力求创新；我们拥护变革；我们成功的秘诀在于我们的员工；我们承诺维护投资者的利益；我们致力于可持续发展和企业社会责任感；我们公开和积极地沟通；我们维护我们的传统，一家开放的家族式公司"。

这些著名的世界500强企业、公司都非常明确地标示出了自己的核心价值观。这既是对社会的承诺，又是对全体员工的要求，这种核心价值观的精神都必须牢牢地镌刻在每位公司人的脑海里，并时时刻刻激励着他们奋进。

然而，企业核心价值观的建设并不仅仅是提炼出价值观的口号和标语，更关键的是要将其内化于全体职工的心中，凝结在他们工作的动力中。也正是这样才要求企业的每一个员工必须了解公司的核心价值观，并真正地倡导下去。

但是众多的国内企业在核心价值观的建设上却陷入了一个非常严重的误区：只重视做表面文章，却忽视核心价值观的倡导和实践。我们可以看到，众多企业互相抄袭核心价值观的关键词，却没有真正吃透、挖掘自己本公司多年的沉淀。还有更多常见的就是将核心价值观等印成标语挂在墙上，这种方式固然有其特色，可以方便职工时时刻刻用其来激励自己。然而我们发现更多的是挂在墙上是一方面，行为上却在做另外一套。公司文化也好，核心价值观也罢，不是谁提出的，也不是谁逼着你要挂出的，而是自发地为凝聚员工，而在本公司的实践中总结出来的。因为文化不是别人交给你一本本的书籍，核心价值观也不是什么高手书写的给你挂在墙上的标语！它是倡导出来的，是全体职工精神风貌的体现！

2. 核心价值观的实践

有这么一家咨询公司，在数年前公司只有几十人的时候，在全国只设立了两个办事处——北方和南方市场办事处。就在他们起初"奋斗"的日子里，领导几乎每天都会打电话给这两个办事处的经理及员工，询问他们工作和生活情况。员工们感觉到，每一天他们最快乐的事情就是和领导通电话。无论条件多么艰苦，市场竞争多么激烈，在外地的员工们只要和他在一起多聊聊天就信心百倍了。但随着公司市场规模的不断扩张，办事处也越设越多，他要处理的事情也越来越多，给办事处的电话却也越来越少，有时候甚至半年才给异地办事处打一次电话，了解员工的情况。然而，有一次他因为工作上的事给远在沈阳的一个办事处打了电话，接电话的是沈阳办事处的一会计，她接起电话的第一句话就是"刘总，我们已经有一年没有沟通了，我还以为你把我们都忘记了……"。这件事情对他触动很大：当初创业的时候，靠着个人的魅力凝聚了一帮人在市场上、公司里拼搏。可现在企业规模在快速地扩张，员工人数在不断地增加，他已经感受到自己的个人魅力已不能向当初创业期那样影响全部的员工了。他常问自己："靠什么来凝聚他们来完成我们这个正义的国际化事业？"最后，他说他找到的答案就是"核心价值观"！

在此危机后，这位老总希望咨询公司能帮他们"做"出几个核心价值观来。咨询公司经过调研后发现一个十分有趣的现象：该公司实际上已经有了十分完整的核心价值观文本体系。但是关键的问题是这些文件中所罗列的一条条标语并没有被员工所认同，员工在日常工作中所表现出来的行为完全是另外一种价值观的折射。比如，其中列出的"团队精神"，实际上该企业各部门之间的壁垒非常严重，跨部门沟通相当困难；中层干部间勾心斗角，许多部门内部存在经理压制员工，担心被超越等现象，更为有趣的是在公司办公楼大厅的墙上"团队精神"被挂在最为醒目的位置上……

可见，这个企业的老总事实上是没有理解什么是他们公司真正的核心价值观，该事例表明了不论是领导还是员工都有必要正确理解公司核心价值观的真正内涵。

通过咨询公司的帮助和公司内部集体的研讨和学习，他们明白了一个真正的企业核心价值观必需具备这样的标准，并且需要公司全体员工都必须理解、内化、实践。

第一是发自肺腑并竭力倡导。核心价值观不是挂在墙上，停留在口号上，而必须是公司高层真正要倡导并体现在自己的行为上。"沟通、尊重、诚信、卓越"曾经是一家跨国公司的核心价值观，他们曾被誉为美国新经济的楷模，而且常常炫耀自己的企业文化。可实际情况是什么呢？是唯利是图，采取欺诈手段谋取暴利，根本就无诚信可言，最终酿成公司破产。这家公司就是曾经赫赫有名的安然公司。

第二是基于传统积淀并与企业使命相一致。核心价值观不是追求时尚、跟风、模仿，别的企业的核心价值观并不一定就是自己公司的核心价值观。它一方面要来自公司传统的沉淀，从其诞生的那一天起就开始了其核心价值观的酝酿了，所以说核心价值观是公司在产生、发展过程中自然形成并散布于公司各个角落的。在核心价值观提炼过程中要善于广泛征求公司员工、历史"英雄人物"的意见，并结合重要事件仔细推敲；另一方面，核心价值观的提炼必须考虑本公司的使命，要能使本公司的价值观能够支持公司最为根本的存在目的。

达到了这两条标准的核心价值观，可以说就可以凝聚公司员工人心，激励他们努力工作。要始终追求将其作为深藏在员工心中指导员工行为的基本价值准则。因此，每个公司都要对其全体员工进行公司的核心价值观教育。使领导者和员工们正确地认识到核心价值观在企业生存与发展的过程中的指导意义在于：一方面目标与指标的设定不与公司所倡导的价值观违背，而要保持一致；同时价值观是引导公司员工去设定实现目标的行动计划的基本指南，要使自己的行为与核心价值观保持高度的一致。

3. 核心价值观在于公司使命

据学者对百家"长寿公司"的调查发现，他们之所以长寿的原因，是在于其使命的基本价值部分从未发生变化，这也是他们在惊涛骇浪中找到的一根"定海神针"，使他们能够从容不迫地应对竞争与变化。

创业阶段，很多公司都会表现出很强劲的爆发力，并且几乎其所有员工都有一种使命感。如，许多人在回忆起最初的创业体会时，都会说"最难忘的是开发新产品、拓展新市场的过程，为了打败新的竞争对手，我和同伴们吃了不少苦头。"当公司进入正常发展轨道的时候，人们往往会容易倦怠下来，失去战斗力。这似乎就应验了那句老话"创业容易，守业难"。

之所以出现这种状况，毫无疑问，创业的激情来自成功的喜悦和未来的美好期待，来自内心的使命感。而守业的躁动却很容易从使命感的缺失而造成。我可以很轻松地看到，好多公司都是先前声名鹊起，而不久之后就兵败滑铁卢，者往往是由于他们失去自身企业的使命感。

微软中国公司将其使命很明确地标示在了网站上："在微软，我们的使命就是创造优秀的软件，不仅使人们的工作更有效率，而且使人们的生活更有乐趣。"

经过对一些失败公司的管理轨迹研究，发现主导这些公司走向衰败的因素是人们、特别是员工心中的痼疾。而更深层的原因则大多是源于员工对公司使命感的认识的缺失，对"我为什么要办公司，我为什么要工作"存在模糊的理解。

"为什么要办公司"的由来就是不明白公司使命感。只有回归到公司根本才能永续发展。作为一家快速成长的公司，我们每天要考虑的是如何提高公司的竞争力和实现公司的长远发展目标。一个人的成长需要美好的人生理想作为激励，一个公司的成长更需要远大的目标作为动力，而公司崇高的使命则更是一个公司更重要的发展之源。

公司核心价值观的本质在于公司的使命。使命本就是一种根本的、最有价值的、最崇高的责任和任务。它回答了我们干什么和为什么这么干的理由。作为公司的一种文化价值观，使命感始终处于公司价值观的核心位置。有了这种价值观和使命感，公司即使遭到困难、遇到危机，也能凭借坚定的信念冲出重围。缺乏使命意识，使一些创业者和公司成为市场的投机者和赌徒，而在市场投机和设赌，注定要被市场所淘汰。近年来，我国成功的公司名单中，我们可以看到，那些曾经红红火火、靠投机倒把盛极一时的企业都在成功的名单上消失。

因此，要使公司从长发展，就要注意培养员工的公司价值观，特别是核心价值观。使他们知道并领悟公司的使命感，这样才能更"长寿"。可口可乐、麦当劳、联想等名牌公司，之所以一路走来，没有迷失方向，就是他们始终牢记自己的公司价值观，有自己的追求。

所以要增强企业落实力，必须培育员工的核心价值观，使他们对于公司的使命感具有强烈的责任感。

[让企业文化成为
公司业绩的强大推动力]

如果一个公司没有树立起自己独特的企业文化，那么这个公司往往就迷失了自我，沦为与其他的公司趋同了，也就像一个没有性格的人，总是随波逐流，其最终结果将一事无成。人没有性格尚且可以碌碌无为地过一生，但是一旦公司趋同、无个性就意味着被淘汰、死亡。

1. 企业文化的隐形魅力

问题是我们的许多经营者、公司管理者往往对企业文化的价值认识不到位，他们错误地认为企业文化搞得不好，大不了就是因为晚会、旅游之类的福利活动少一点而已，或多花点钱请人帮助搞个企业形象的设计等，但事实上他们根本没有认识到追求企业"性格"的重要性，没有认识到企业文化是需要公司几代领导者坚持倡导、身体力行的一种特质，号召员工在长期的生产经营实践中逐步形成的稳定的共同精神和价值观。一个企业的创立者倘若能留给企业最大的财富，即企业精神与价值观，那么他就为这家公司创造了无穷的精神财富和力量源泉，就为公司员工扎实高效的工作做好了良好的激励措施和工作干劲。

微软现任 CEO 鲍尔默在谈到比尔·盖茨的隐退时说："我想应该可以认为微软失去了一个像比尔·盖茨这样的天才。但微软的企业文化是建立在很多事情上的，而不仅仅只是基于领导者的个人特质。这种文化建立在领导者个人特质以及我们已拥有的经验之上，建立于我们所有的成功和失败之上。从某些角度而言，它无关乎公司的领导者说了些什么，而是所有发展方向、经验、成功和失败的积累。企业文化是由其自身逐步建立发展而成的。"比尔·盖茨带领员工为微软的发展创造了优秀的企业文化，为微软创造和维持强大的公司业绩提供了不竭动力。

在谈到安徽华茂集团50年来取得的成就时，华茂的员工都会异口同声地谈到，他们在几代领导持续提高质量的引领下，大家有着强烈的使命感与责任感，都自觉地认为不干好工作就是一种耻辱。2000年华茂救活新疆和田纺织厂的实践，很能说明华茂的企业文化是非常有生命力的。2000年，华茂与濒临倒闭的新疆和田纺织厂签订了5年的帮扶协议，当时的地方领导是希望华茂托管新疆和田纺织厂（这对华茂有利），而华茂却没有这么做，理由就是期盼和田纺织厂能在华茂的指导、帮助下培育出自己的企业文化，走可持续发展的道路。5年来，华茂人通过言传身教，把"质量精益求精，岗位尽职尽责，工作持之以恒"的华茂精神感染、渗透到和田纺织人的心中，并协助其制定了企业发展计划及产品的各项质量管理措施，为其提供了相关设备与技术指导。经过华茂人和田纺织人的不懈努力奋斗，和田纺织厂的生产规模由原来的4万锭发展到8万锭，使这个维吾尔族员工占75%的少数民族企业发生了巨大变化，也为边疆建设与社会和谐作出了积极贡献。可见，企业文化对于公司的起死回生是多么至关重要啊。

一切以企业文化为准绳。认真落实好企业文化内涵的企业精神，为公司的发展壮大贡献力量。其实落实也是一种文化，它是企业成功与持续的基本要素。一个公司及其各级员工要养成良好的职业行为习惯，有效促进企业文化的落实。比如一项大的活动、大的战略的实施，都要召开动员会、部署工作、出台措施，然而这些都只是落实工作的一个起步，它是抛砖引玉的。要将落实成为企业文化的一部分，就需要公司全体成员在工作实践中长期坚持落实的基本观念、责任和意志，并将其培养成自己乃至全公司的一种职业行为习惯。具体而言，要将各个岗位工作责任制、工作标准、操作规程、检查考核制度等内容落到实处，成为全体职工自觉的执行行动。管理人员和一般成员要各司其职，同时也要发扬协作精神，增强团队意识，要在增强成员个体"落实意识"的同时，围绕公司整个大局，增强整体协作的落实氛围，实现落实成为企业文化的重要关键点，为公司的长远发展注入动力。

牛根生曾告诫蒙牛的员工，品牌对一个公司的发展太重要了，可是，品牌的98%是文化，是文化的积淀。

2. 丰田的企业文化与其成功

1937年8月28日，正式成立的日本丰田汽车公司，它起初只是丰田自动织布机公司的一个分部，而今已经发展成以汽车生产为主，其业务涉及机械、电子、金融等行业的一个庞大的工业集团。历经72年的迅速发展，今天，全公司共有职工6万余人（相关公司合计20万余人），它生产的产品主要是汽车部件，还包括一些钢铁、化纤制品、有色制品、塑料制品、玻璃、橡胶、各种日用品等。丰田2006年在全球销售汽车达880万辆，2007和2008年分别为932万和896万辆，2009年销量970万～980万辆。2008年丰田已经跃居世界500强第5位，汽车企业第1位。丰田的这种强劲成功正是孕育于它自身优秀的企业文化。

丰田文化就是实现了"以人为本"的经营管理模式，它避免理性主义的企业文化"经济人"的观念，突出地体现了人的主体性和个性的差异，使人的积极性得以充分地展现和发挥。

丰田以员工为中心，重视员工的教育。丰田非常重视企业教育。在丰田，管理者们认为员工的教育水平和企业人才培训体系是企业乃至社会经济发展的基础。丰田总裁曾说："人事管理和文化教育的实质是，通过教育把每个人的干劲调动起来。"实际工作中，如丰田公司对新参加公司工作的人员有计划地实施企业教育，把他们培养成具有独立工作本领的人。使受教育者依次接受更高等的教育，培养出职工们高水平的技能，来为丰田效力。企业教育在丰田公司不仅仅局限于职业教育，还更进一步深入到个人生活领域。

丰田以客户为中心，生产满足客户需求的产品。在丰田，我们可以看到丰田的成功是多方面的，既有其独特的生产方式、严格的质量，也有成本控制、稳固的供应商体系等。但是，真正保证丰田成功的，还是丰田始终坚持的以客户为中心的这种经营理念，和由此建立的产品管理、技术研发、销售管理体系等。这种成功首先来自生产满足客户需求的产品。每个公司只有从客户需求出发，来设计产品，根据市场反馈的信息来不断完善产品，才能看到其自身奋斗的成果。丰田的每一款产品都建立在严格的客户需求分析之上。如20世纪70年代丰田面对石油危机全力开发的低油耗小型车，20世纪90年代面对能源节约与环保的社会环境而推出油电混合动力汽车，这些都是追随客户需求的具体体现。

此外，由于日本国内市场狭小，海外市场也便成为丰田汽车的重要市场。为针对不同地区的市场设计符合其客户需求的产品也是丰田汽车的一大特色和原则。如凯美瑞、雷克萨斯就是针对美国市场设计的，而"Yaris"是针对欧洲小型汽车的流行特点而推出的产品。针对区域客户市场需求而开发的产品保证了丰田汽车在全球市场的成功。

技术研发上，丰田始终以消费者需求为导向，其自身不会过度追求技术领先，而是更关注技术的实用性。在1935年，丰田就提出了"用户第一、销售商第二、客户第三"的销售原则，将用户和销售商的利益和追求放在重要位置。为贯彻落实其销售方针，1950年丰田实施了产销分离，建立起了独立的销售公司，其意图是使销售公司不偏重厂商和销售商任何一方，做到中立，本着促进销售的立场开展本企业的经营活动。后来为保证销售商对客户的服务质量，丰田视销售商为利益共同体，除建立严格的销售商准入标准外，还为销售商提供了一系列支持，成立了企划、改善、经营和培训支援室等的四个专门负责机构，帮助经销店更好地实施客户的信息收集活动，指导新建立的经销店提高成交率。

正是这种"以客户为中心，关注客户的需求与利益"的丰田企业文化，帮助它赢得了众多客户的信赖，造就了丰田今日的成就。丰田从企业文化中获得了公司业绩的巨大丰收。

所以，企业文化得刻骨铭心才能行。一切事情，都得用企业文化来测评、考核、检查，一切都要以企业文化是否落实为准绳，这是公司最重要的战备之一。

把不合适的人
请下车

在谈到用人时常流传着这么一句话"让想干事的人有机会，能干事的人有舞台，干成事的人有位子"。多么有道理的一句话啊，要留出位子给能干事、想干事、干成事的人，同样就必须要把不能干事、不想干事、干不成事的人请开，也就是把不合适的人请下车。

许多著名的企业都有很好的用人观。

广东兴发创新股份有限公司董事长罗苏将一个企业里的全体员工分为四类：①为国家创造财富、为企业增加积累的人，②不思进取只求无过的人，③赚钱买花儿戴的人，④职位低、权力大的人。罗苏针对这四类人采用了不同的用人方法，对第一类积极鼓励，第二类稳定，三、四类教育。于是，他常要求员工扪心自问："你有促进企业发展、造福企业的智慧吗？如果有，请你为企业献出你的智慧；如果没有，请为企业献出你的汗水；如果你没有智慧又不想献出汗水，那么请你离开这个企业。"

教育后仍停滞不前、不思进取的，罗苏采取的做法就是辞退。他认为用人要有进有出，不能像一潭死水，必须使管理人员意识到危机感，认识到人没有压力，就没有动力。

蒙牛集团牛根生在谈到用人时讲到："请来绵羊，一千头也不行；请来狮子，一头就管用。可如何才能请来狮子？"要请到狮子就必须给狮子留出位置，狮子的位子必须要将不合适的绵羊轰走。

牛根生认为，在企业的发展中人是最重要的。蒙牛能有今天，就是因为有合适的人。凡是我们做得好的市场，那里一定有本领非常过硬的人；做得不行的，那里的人肯定有问题，是不合适的。只有将不合适的人请开，派去合适的人。假如我们将本公司最厉害的人放在某个市场，仍是不行，那就说明我们放的人还不是适合与竞争对手竞争的人。那就要继续请开，继续选拔。

一般而言，不合适的人有这么几类：不孝老人的；爱受枕边风左右的；管不了自己孩子的。在这个世界上还有谁能超过自己的父母，对他们都薄情寡义，对团队成员就肯定更是了，所以在同等条件下，这类人要请开；每当轮到做出符合单位利益的决策或者判断时，那种只顾个人利益，盲目随风倒的人是不合适的，要请开；对自己子女管教不严、管教不文明的该如何去管理团队呢，这类人是不适合的，要请开。

有这么一个故事：

很久以前，弥勒佛和韦陀并不在一个庙里，他们是分别掌管着不同的庙的。弥勒佛总是热情快乐，笑脸迎客，所以来的人很多，但他是什么都不在乎的，丢三落四的，没有好好地管理自己的账目，但是依然入不敷出。而韦陀尽管是管账的一把好手，但是整天阴着个脸，太过严肃，搞得来客越来越少，直到最后香火断绝。而佛祖有一次在查看香火的时候发现了这个问题，于是就将他们俩放在同一座庙里，由弥勒佛负责公关，让它笑迎八方宾客，于是香火大旺；而韦陀则依旧铁面无私，锱铢必较，于是让他负责财务，严格把关。就这样在两人的分工合作中，庙里呈现出一派欣欣向荣的景象。

于是有了我们今天去过庙的人看到的这一幕：一进庙门，首先是弥陀佛，满面笑脸迎客，在他的背面，就是黑口黑脸的韦陀。两个原本不在一起的佛，就这样组合到了一起。

其实在用人大师的眼里，并没有废人，正如武功高手不一定要用宝剑一样，一根树枝就可以伤人，关键看如何运用。

比尔·盖茨创造的微软公司，因效益很好，使他本人也多年获得全球首富的称号。微软公司开发计算机软件供应全球，可见，微软公司的发展是一个很大的前景，在微软工作是一件很幸福的事。微软这样的大公司应该能够很好地网罗人才。

微软之所以一路顺风，与比尔·盖茨高超的用人制度是分不开的。在微软有一套网罗顶尖人才、珍惜顶尖人才的良好机制，他们建立了一套"宁缺毋滥，人尽其才"的选人用人模式，即使已经招入的人才也会在考核中予以后续决定，不会一劳永逸，都会根据其自身的成绩做出轮岗或下岗。最近发生在微软高层的离职事件让人怀疑起了微软的用人制度。

中国区的微软总裁唐骏，其工作能力是得到比尔·盖茨赏识的，但他的离开没有给微软造成大的损失。而李开复的离职却引起了一场法律诉讼案。李开复是掌握微软核心技术知识的核心人员，又是少有的掌握集团核心机密的全球副总裁之一。他的辞职势必会影响微软公司的利益。所以有了微软的诉诸公堂的举动。

对辞职，中美两国人的价值观念不同，美国人认为辞职是一个人的权利。中国人对待辞职有种背叛的感觉。但是由于辞职有的关系到企业的生死存亡。李开复的辞职就是关系到微软的技术核心问题的。这是关系到企业的发展前途的，但是员工的辞职尤其是高层的辞职必然有原因，尤其是在中国市场中的微软公司的用人制度。

比尔·盖茨注重的是企业利润，不注重与当地政府的政治沟通。中国作为一个政治大国，没有在政治上和中国搞好关系很难在中国市场上走下去。比尔·盖茨比较注意本企业的政治之间的关系，个人只有服从总部的战略规划，不能提出个人的正确的见解，缺乏自己的发展空间。唐骏的辞职是因为自己的位置在不断地被人侵蚀，自己被架空，辞职是最明智的选择。这都是微软公司在用人制度上的失误，不完善的地方，微软要想留住人才，需要在自己的公司的实力和威望的基础上，对用人制度进行调整。

这个事例中，我们看到微软中唐骏和李开复都从微软辞职，但是他们的原因各不相同，其中唐骏的原因更是其个人原因，其实对于员工而言，只有努力工作才能维持自己的职位，如果只是为了防止别人侵入自己的职位，或者因别人侵入自己的职位就去辞职，这是很不对的。在这方面尽管微软的制度存在缺陷，但是还要考虑其个人原因，不能因噎废食，自己不能胜任，而别人有了能力，就要主动让开，请别人上岗，大家都是企业员工，为企业创造价值。要明白企业"将不适合的人请开"的基本构思和制度设计。

　　这里就告诉我们要将合适的人才用到合适的位置，要将不合适的人才请开，正所谓才尽其位，这才是最有效最合理的人才资源配置方式。

　　在爱才的同时，要突破平均制，让能人获得实现价值的空间和相应的位置，让无用的和投机的人受到应有的惩罚，只有这样才能真正激活企业这潭水。

　　请走不合适的员工，将合适的人就其位，这才是企业用人的良好观念。

不但要关注结果，更需要关注过程

结果的形成都是在一定过程的基础上完成的。常言道：注重结果，更注重过程。过程的完美是结果达成的充分条件。一个公司的发展，一定要在注重结果的同时，更加注重过程。

1. 目标分解要细化，层层落实要量化

任务和目标的落实一定要在公司各级员工明确自身工作目标的前提下进行，目标的模糊会导致员工工作指向的不明确。因此，公司在制定员工工作细则的时候，必须将公司的整体目标细化分解，使每个员工知道自己的职责，然后再各级层层落实。在细化目标的同时，也要推进工作的量化管理，因为量化管理是企业运作的润滑剂。

就本质而言，管理就是通过别人完成任务而实现任务完成的一门艺术。管理者水平的高低，不在于让高素质员工办好事情，更关键的是让素质一般的员工把工作做好、把任务完成，让每一位员工在执行同一项命令时，能够按照管理者的意愿，把工作保质、保量、按时完成好，这才是公司领导者高水平的管理艺术价值的体现。

在谈到公司管理者的内部管理时人们往往会列举公司负责制定了多少规章制度、有什么样的工作流程、工作手册是多么的全面，但是他们却往往会忽视内部管理的致命伤——目标的细化和落实的量化。不能将目标分解细化的公司，注定是工作不到位的，注定是没有发展前途的。

广州军区某高炮团从1995年至今，连年被集团军和广州军区评为"全面

建设先进单位", 30多项工作迈入军区或全军先进行列。他们能取得这样的成绩，完全是在日常工作中目标细化分解、层层狠抓落实的结果。有一次，一个新调来的老干事按"常规"在通知上签上"拟安排各营连按统一要求部署教育"，就呈送团领导阅示。没想到在政委办公室碰了一鼻子灰："照抄照转，谁来落实？一线指挥部抓工作，要有具体实施方案，不能只有指示和口号！"

几年前，这个团曾出现过3个部门同时发指示，5道"令箭"仍未落实工作的事。团领导在反思教训时认识到，决不能照抄照转，靠文件落实文件，用会议落实会议。团党委规定：不能乱提口号，乱发指示；上级机关所有指示、命令下达到团里后，相关职能部门必须拿出详细具体的落实方案，将责任目标分解到位，做到责任明确，绝不能只当"传声筒"、"司号员"。习惯于以往的发号施令，不将工作目标和任务细化分解到位，就容易造成部门间相互推诿的结果，最终酿成的是任务完成的不合格，工作不到位。

经过认真吸取教训后，政治处制定了新的具体教育方案，负责实施的人员发现上面将各项任务目标都细化分解到位，于是他们开始对照上级精神和本团实际情况反复研究，在增强针对性、实效性和落实性上下工夫。结果，团里的教育成果很快取得成效。

这就警示我们盲目地下达任务，而不顾任务目标的分解细化，就会付出沉重的代价，反之就会取得意想不到的效果。

同样，缺乏量化意识的管理者经常会觉得员工办事不力，让照办的事没办成，该抓紧办的事没抓紧办，总是未能达成自己预想的效果。究其原因，往往是因为他们在布置工作或制定规章制度时没有使用可量化的标准，最后就会出现一人一个结果，降低了工作效率，耽误了工作成果。因此在将目标任务细化分解的同时还要推进层层落实的量化监督。这就需要公司制定各级的量化管理目标和规章制度，目前比较有效的量化管理就是绩效管理和考察。

比如，我们常常会见到在一些公共服务场所都会显示一个"微笑服务"

的标语，那么究竟什么样的笑才称为微笑？沃尔玛在规定其员工面对顾客时要常露微笑，注释是"露出八颗牙齿"，这种标准的细化和量化为员工落实"任务"提供了可以执行的明确标准。

麦当劳对每一个工作流程都要量化细节，炸薯条、制作牛肉汉堡都有详细的明文规定。牛肉饼烤出10分钟，没有卖掉就要丢掉，这就是量化。工作流程哪个公司都有，但是如果工作流程没有量化，就做不到标准，更不可能准确地落实到位。

做好企业的绩效考核是公司进行层层量化落实的一个好的方法。要做好各级员工绩效管理工作，目前比较流行的是引入现代企业人力资源管理的基本理念，如：

①对新形势下开展企业各级员工绩效管理的重要性和紧迫性达成共识；

②进行绩效考核培训；

③制定岗位说明书作为绩效管理的重要组成部分；

④加强平时沟通及考核结果的反馈机制的建设与落实；

⑤同时建立绩效考核投诉制度。

这样才能真正把各级员工绩效管理落到实处。同时也必须和公司战略和目标、员工发展及公司文化进行有机结合，在绩效管理的反复实践中进行层层量化落实制度的完善，并在实施绩效考核的过程中适时推动组织的变革，把企业推进成为一个具有现代意识观念的学习型企业。

绩效考核的核心就是检查各级员工目标任务的是否完成，完成质量如何，绩效管理规定指定的任务是否由各级对应的管理部门完成。通过层层绩效考核的不断完善，使员工的工作更高效高质。但是量化的绩效考核也是一把双刃剑，若没有把握好考核的因素、沟通等，难免会影响各级员工的正常工作。因此，在实施量化绩效考核的过程中一定要讲究方式方法。

高炮团抓落实有一个"著名"的等式：抓住不落实的事+追究不落实的

人 = 落实。团长说："抓落实就要敢于动真格，你不落实事，我就'落实'你!"落实关键靠什么？靠责任制！从1996年开始，高炮团就把建立责任制作为抓落实的一条重要途径，层层实行责任制，个个签订责任状。把每个干部的工作按分管事务、职责要求、目标效果等细化、量化、实化，实行目标管理，使工作层层落实到具体人，责任追究到具体人，板子打到具体部位。想不成都难。

2. 布置不等于完成，简单不等于容易

其实，成功者与失败者之间的差别就那么一点点。关键在于是否落实。很多事情、目标、前景，是大多数人都可以想出来的，但是能不能做到，做的结果如何，却是千差万别的，导致的直接结果就是成功与失败的分野。

可以这样说：布置了任务并不就等于完成了任务，简单的事情并不就是容易的事情。只有落实到位的事情才是完成的标志，这样才是成功的。

政府部门布置任务也一样，在强调分工的同时，更加在强调贯彻落实的要求。对于一个企业也是如此，仅仅有好的战略远景是远远不够的，必须配置以好的执行和落实才能得到想要的结果，才能达到企业既定的战略目标。没有落实的战略永远只能是纸上谈兵。

有这样一个故事：

从前，老鼠大王负责组织召开了一次全体老鼠大会，紧急商讨如何应对猫吃老鼠的问题。

参加会议的老鼠们积极发言，它们提建议，出主意，开了半天会，但是也没达成一个可行办法。就在会议将要结束时，一个号称最聪明的老鼠站起来说道："根据事实证明，吃我们的猫的武功太高强，死打硬拼的对付办法，我们根本不是它的对手。应对它的唯一办法就是——躲和防。""那怎么躲和防呀？"其他众鼠纷纷提出诘问。有的老鼠发言道："给猫的脖子系个铃铛。一旦它走动铃铛就会响，在听到铃声时我们就躲进山洞洞里，这样它就无法捉到

我们了！""好办法，好办法，真是个聪明的主意！"一些老鼠欢呼雀跃。

这时，老鼠大王听了办法后，高兴得什么都忘了，于是当即宣布散会并举行大宴，还奖励那只提出"好主意"的小鼠。到了第二天醒酒以后，它忽然觉得不对。于是，又召开紧急会议，并宣布说："给猫系铃铛这个方案我已经批准了，现在开始落实。""说干就干，真好真好！"群鼠依旧激动不已。

鼠大王问："那好，有谁愿意接受这个光荣的任务，请主动报名吧。"

持续了好久，会场里面仍旧一片寂静，毫无声响。鼠大王命令道："如果没有报名的，我就开始点名啦；小老鼠，你机灵，你去系铃。"老鼠大王指着一个小老鼠说。小老鼠一听，立刻浑身抖作一团，战战兢兢地回应道："大王，我年轻，没有经验，最好找个经验丰富的去吧。"

"那么，最有经验的要数鼠爷爷了，您去吧。"紧接着，老鼠大王又对一个爷爷辈的老鼠发出命令。

"呀呀，我这老眼昏花，腿脚不灵便怎能担当得了如此重任呢，还是找个身强体壮的吧。"鼠爷爷结结巴巴，几近哀求地说道。"那谁去呢？"鼠大王又派出了那个出主意的最聪明的鼠。这只鼠"哧溜"一声逃离了会场，从此，再也没有见到它。鼠大王一直到死，也没有实现给猫系铃的"战略目标"。

不将铃铛系到猫的脖子上，就如同没有铃铛一样，是避免不了危险的存在的。只有明确将责任落实到位，才有明白的责任和过错追究依据和制度。要达到战略目的，必须要有切实可行的方案；但仅有方案也是不行的，还要负责将其落到实处。

系铃铛的事倒是布置下去了，但是没有任何一只老鼠成员能去干或者愿意去干，这件事就永远不可能完成。所以，任务的布置和分工、安排，并不等于工作的完成、目标的实现。

众所周知，为提高工作绩效，我国立法部门制定了很多法律；政府出台了很多制度和条例。但是法律和条例的制定完成，并不代表落实到位了，其预期结果也可想而知。1998年底，中国电信和国家47个部委（直属单位）信息部门发起"政府上网工程"，启动了中国政府信息化的工作进程。但是时过五年后的2003年，记者在对一些市的政府部门网站进行调查时，向其中十个网站发出了咨询电子邮件，结果只有五个部门给了回信，其他网站均杳无音信。而接到的五封回信，也是惜墨如金，只是礼节性地给予答复，其实际效果远远差劲，根本没有起到应有的作用。这样的网站又有什么意义呢？

因此对于每个企业、每位管理者、每个员工而言，任何事情，有好的出发点和良好的任务规划是远远不够的，更关键的还是要看其落实的结果的。

（1）布置不等于完成

布置并不等于完成，许许多多的差错，都是因为执行者不能准确理解管理者的意图而造成的。

但是在企业里、在政府部门里，还是有些员工和职工往往有这样一个误区，他们认为只要企业的方案好、恰当，其他的问题就不必过多考虑了。可是，假如我们把一个非常完美的好的方案放在抽屉里，挂在口头上，它是永远不会自动生效的，必须借助于不折不扣的落实。

对于一个企业而言，市场调查和企业规划仅仅是事先的准备，工作的正式开展是从布置任务以后才开始的，每一项工作的内容都需要始终贯穿于落实的全过程，因此，布置只是工作的起步。

布置就是完成，是当下很多偷懒的管理者梦寐以求和想当然的认识。企业的发展和壮大，要求企业必须具备超强的行动力和执行力，对于现阶段我国的各类型企业而言，只能是天方夜谭。

如有这么一个故事：

一个小和尚在寺庙里担任撞钟员，半年下来，他觉得这工作无聊之极，天天是"做一天和尚撞一天钟"而已。有一天，住持宣布调他到寺庙后院劈柴挑水烧水，因为他不能胜任撞钟这一职务。

小和尚很不服气地向住持发问："我撞的钟难道不准时、不响亮吗？你凭什么要调我去后院做苦力活？"

老住持耐心地解答他："你撞的钟虽然很准时、很响亮，但是钟声空泛，毫无感召力。寺庙的钟声是要唤醒沉迷的众生，因此，撞出的钟声不仅需要洪亮，而且还要圆润、浑厚、深沉、悠远。"小和尚撞的钟声是不符合职业标准的，究其原因是住持没有提前公布工作标准造成的。假如小和尚当初进入寺院时就明白撞钟的标准和重要性，他也许就不会被撤职，反而会做出更好的工作。

工作标准和指南是企业员工的行动指针和考核依据。缺乏工作标准和指南，往往会导致员工的努力方向与公司整体发展方向的不统一，并造成大量的人力、物力、财力等的资源浪费。因为缺乏参照物的工作，时间久了，职工就容易形成自满和懈怠情绪，并使工作疏忽。

可见，简单的布置并不是工作的完成。没有高标准的指导和严谨的工作落实，任何工作都是注定干不好的。没有给员工指明工作方向和要求的工作布置方案永远不会达到公司和企业想要的结果，只会徒劳而费时。

（2）简单不等于容易

在我们的生活中有很多事，虽然看起来都是小事，但有些时候却是做不到的。个中原因就是，我们都把这些简单的小事看得太容易，漫不经心，眼高手低，在生活中不将其当一回事，当然也就无从改变了。其实简单并不等于容易，只有时刻严格要求自己，才能给自己一个圆满的结果。

现代社会，私家车已经走进千家万户。给车加油看来是非常简单的一件事。无非就是打开油箱，把管子插进去，等油满了再拿出来即可。然而，就是这么极其简单的事，中国石油的加油站将其分解成了13个步骤。按照中国石油的统一规定，从顾客进入加油员的视野到加完油离开加油站，一共有13个标准动作，依次是：迎候、引导车辆、开启车门、微笑招呼、礼貌询问、开启油箱、预置、提枪加油、擦车、收枪复位、提示付款、送行、清洁。

要真正做好这13个步骤是并不容易的，每个动作都有很多细节。如车辆进站时，加油员要眼疾手快，迅速做出正确判断，其中"迅速"就是一个细节；收银员要"唱收"、"唱付"，"找零时要双手付给顾客"，这就是细节。这13个步骤中到底有多少细节，谁也说不清楚。倘若说管理的一般法则是科学，那么管理中的细节就是艺术。企业管理最忌讳的就是大而化之、小而化了。管理者在布置完任务之后还要加强细节的执行、管理的督促，从决策层、管理层做起，绝不能以只负责宏观决策为由甩掉精细化管理。精细化管理在当代而言，就是对企业产品质量的重视，就是对企业信誉的重视。当然，这也是一切企业不可或缺的战略。

在这个世界上，凡事无小事，简单不等于容易。正所谓胡总书记所言"群众利益无小事"，企业也一样，"企业利益无小事"，任何一个小小的差错都有可能给企业造成巨大的损失。只有花大力气，把小事做细，把简单事做好，这样才能把整个事情做好。像练武术的没有绝招一样，生活和工作中解决问题、处理事务、策划市场、管理企业，也都不会有什么投机取巧的绝招，都必须用老老实实的功夫堆出来。正如一句名言所说"罗马非一日建成"。只有当浮躁被扎实的落实所代替，冲动被理智所折服时，全体员工认识到"布置不等于完成，简单不等于容易"，这才是成就大事成就大企业的不可缺少的基础。

3. 授权也要常监督，检查更要制度化

在古代，特别是封建时代，统治者们为了巩固自己的统治，常利用人们对神灵的畏惧，称自己为天子，借以天的名义来实施并巩固自己的统治，使自己的统治披上了合法的外衣。所谓君权神授，我是奉了上天的旨意来行事，你们反对我就是与天作对，就要等着遭雷劈。于是，人们出于对神灵的信奉和对自然的敬畏，任由统治者摆布。可见，自古以来人们就非常注重权力和授权的作用。

如我们常讲，诸葛亮可谓是一代英杰，赤壁之战等广为世人传诵之作，

莫不显示其超人的智慧与勇气。然而，他却日理万机，事事躬亲，乃至"自校簿书"，终因操劳过度而英年早逝，留给后人诸多感慨。诸葛亮虽然为蜀汉"鞠躬尽瘁，死而后已"，但蜀汉仍旧是最先灭亡。这与诸葛亮的不善授权难脱关系。试想假如诸葛亮将众多琐碎之事合理恰当地授权于下属处理，而自己只专心致力于军机大事、治国之方，"运筹帷幄，决胜千里"，又岂会劳累而亡，导致刘备白帝城托孤成空，阿斗将伟业毁于一旦呢？

可见，领导要学会授权。授权对于领导也是一种能力，而且是落实工作的一种更重要的能力，如果凡事都自己躬亲，那既浪费时间，又得不到好结果，也培养不出好下属，更难以凝聚职工之心。

如何授权？

事实上，在一些市场规范和制度规范相对完善的公司环境里，授权已成为企业基业常青的一项重要管理手段。通过授权，可以使企业领导能力增强，员工归属感增加，也可使企业管理层等各层级的有序交接和公司大局的平稳过渡。这也是百年老店得以存在与发展的重要环节。肯德基不会因为CEO的去世而颠覆，通用也不因韦尔奇的离开而业绩停止。然而，反观我们中国企业：格兰仕新帅梁昭贤"如果没有了背后的支持，是否还有如此之成绩"；联想离开了柳传志，还能持续多久？

在人格魅力占据大壁江山的中国企业，领导能力是决定企业的未来命运的，随着一代代员工的新老交替，创业者们仍在孜孜不倦地工作着。成了只有保佑我们这些创业者们身体永远健康，才能维持企业继续长存，究竟走向何方，能走多远？还是谁也说不清楚。

出现这种现象的原因固然很多，但非常关键的因素是在权力失去时的真空无人能够填补。而这种真空的渠道就是授权。在国内，向下授权还没有成为制度的情况下，就事论事的现象就比较突出与明显。为了让企业的根能够永远健康，就要做好授权的机制和体制建设，敢于大胆授权、放权。

一般而言，对于公司授权，以下四点难以或缺：

首先要做好责任分解。责任细分是授权的第一步，也是最基础和重要的一个环节，无责任的授权不是真正意义的授权，责任分解的目的就是让受权者（授权的接受方）明确该次授权必须要完成的既定目标；明确该次授权涉及的程度和范围，以及这些目标完成时授权者应采用的检验标准。

责任分解可能是自己的职责所在，也可能是临时性的任务，但不管哪种状态，公司都应明确责任。因为任何人只会做你要求的，而不是你期望的。当然这种责任的授予是具有时效性的。如果一种授权失去了时效性，那就不是授权，而是该员工的工作职责了。

第二是权力授予。授权者只给予受权者以责任，还远远不够，还必须就职责担当与受权者进行有效沟通，任何职责或责任的下达都必须让受权者非常明确他的职责和领导者的期望，而这些不是只通过文字就可以完成的，必须通过真诚沟通，与受权者达成共识，这样的责任的授予才是有意义的。

分派了职责，就必须赋予相应的权力，没有赋予权力的责任是没有办法去实现的，即使实现，也不一定是你所需的。因此在明确职责的同时，就权力同样需要沟通，当然这种权力的给与是相对的，随着授权的执行，权力有可能扩大或缩小。

第三是授权检查与跟踪。现在多数企业能够做到责任分解和权力赋予，但我们发现多数企业的授权到此为止。其中更重要的一个环节却有所遗漏。其实，企业授权是一个系统的管理保证体系，是一个封闭系统。给予了权利和责任，授权者同时还要按照授权项目的规则或定期对授权的执行进行监督。这种监督与检查不是走走形式，而是实打实的真正意义上的监督，不是简单地给个评语就万事大吉。而是必须了解授权执行的效果、出现的问题以及后续的及时反馈与调整策略。

一般而言，公司可以设立"受权者主动汇报制度"，并逐渐完善汇报制度，借此来做好授权的监督工作。IBM前CEO郭士纳曾说：你关注什么，就去检查什么。

第四是授权终止与评估。这是授权的最后一环，不管授权执行效果如何，都必须进行合理评估，这种评估必须是与受权者共同达成，评估结果不是最重要的，关键是凭借这种方式，就授权的执行做一次总结，以便在下次授权时能够吸取教训，做得更好。当然也必须以结果和业绩为导向做出一定的评估，将授权的评估作为员工个人绩效考核的重要依据。授权不仅是权力的下放，更是责任的明确。因为权力是表象和形式，而责任是本质和内在，权力是为责任服务的，责任是权力赋予的证据，二者缺一不可。

可见，授权是非常严格的，必须遵循一定的规章程序。这四条中缺一不可，必须同时完成的授权才是真正的授权。其中授权检查与评估又是新的授权的开始，这样循环进行。

明智的公司领导，都会将其制度化，因为制度的力量是巨大的，它会内化为职工的素质，而不会因为领导的头脑发热而随意变更。

案例：企业授权的前提是有效监控

A公司作为某民营集团公司下的一家玩具生产企业，因集团公司业务经营规模扩大，2001年开始，集团公司老板决定将A公司交由企业聘请的总经理及其经营管理层全权负责经营。期间，公司老板基本不过问玩具企业的日常经营事务，也没有要求玩具企业管理层定期向集团公司汇报情况，更没有对经营管理层的经营目标作任何明确要求，只是非正式承诺如果企业盈利了，将给企业的经营管理层奖励，至于具体奖励金额和奖励办法也不明确。况且，企业没有制定完善的规章制度，采购、生产和销售、财务全部由玩具企业总经理负责。两年后，问题出现了。

公司老板发现玩具企业的生产管理是一片混乱、账目不清，生产中常出现用错料、装错模、次品率过高、员工生产纪律松散等现象，甚至出现个别业务员在采购中私拿回扣、收取外企业委托加工费不入账等问题。因账目不清，老板和企业经营管理层之间对企业是否盈利也各执一词，老板认为这两年公司投入了几千万元而没有得到回报，属于企业经营管理不善。而企业经营管理层则认为这两年企业已经减亏增盈了，老板失信于企业的经营管理层，没有兑现其给予企业经营管理层奖励的承诺。

面对企业管理中存在的问题，老板决定将企业的经营管理权全部收回，重新由自己亲自负责企业的经营管理。于是，企业原有的经营管理层一下子觉得大权旁落，老板对自己不信任，情绪低落，在员工中有意无意散布一些对企业不利的消息，使企业人心涣散，经营陷入困境。

该案例中，集团公司老板只注重了授权，而没有将授权和责任制度化、明确化，导致企业出现了大问题，给集团公司造成了巨大损失。老板本想通过授权使自己能够从企业日常经营管理活动中解脱，并调动员工特别是经营管理层的工作积极性，但事与愿违，不但没达成预期效果，反而使企业经营管理陷入困境。究其原因，我们可以看出主要是该集团公司老板没有正确运用好授权管理的艺术。他走入了两个极端，要么是把授权当作放任不管，在实施授权管理的前提不完全具备的情况下，"授权过渡"导致企业经营混乱，在企业经营管理的一些重要环节出现权力真空；要么是在发现企业经营管理中存在问题后，又将企业的经营管理权全部收回，"授权不到位"束缚了企业经营管理层的手脚，挫伤了企业员工的工作积极性。

事实上，这位公司老板合理的授权方式应该是既不放任不管，也不绝对无原则地下放权力，更不弃权，而是相对地、有原则地、在有效监控之下对经营管理层授权。这样有责任、有监管的授权才是推动企业合理发展的授权模式。

当然，其中的制度化监督和检查更要落到实处，否则只能是空话。因为"没有监控的权力必然滋生腐败"。推动制度化和规范化建设，使各职能部门和岗位的职、权、利分明，使授权有章可循、有规可依，减少授权中的盲目性和随意性，做到目标明确、职责分明，使授权者清楚其手中的权力和职责。明白好的制度，可以使坏人变好，坏的制度则使好人变坏。对授权者而言，在授权时既没有建立有效的监控机制，也没有采取相应的监控措施，就等于弃权，事实上放任或助长都是滥用职权，至少给被授权者滥用职权提供了方便。只有有效监控制度化才能保证授权管理的顺利进行，这样也才能使授权者安心放心，又使被授权者专心尽心。

4. 奖罚标准明确化，制度没有特殊化

"没有制度工作搞不起来。"没有制度和机制作保证，落实也无从谈起。木桶原理启示我们：决定一只木桶能装多少水，不在于最高的木板有多长，而在于最矮的木板有多长。这说明，抓落实需要各个方面、各个环节、各个岗位、各道工序之间的协调配合、尽职尽责，"挂着空挡轰油门，关键时刻掉链子"是断然不行的。而要使各个方面、各个环节、各个岗位、各道工序之间做到步调一致，要建立一套科学的奖惩制度和机制。

英特尔公司企业文化的六项准则中"客户服务、员工满意、遵守纪律、质量至上、尝试风险、结果导向"，公司内部的人人平等、高层管理人员和普通员工一样上班守时，不搞管理人员的特殊待遇，没有给高层人员保留停车车位，没有管理人员的餐厅，每个员工都有平等的机会获得股权奖励。这种公司文化中蕴含的就是平等的制度文化，奖惩要明确要公平，决不能打破制度，显示特殊。

一个公司要将自己的奖惩标准明确化、制度化，否则就难免出现流于形式，而起不到实际效果的后果，结果只能是浪费公司的资源，制造人与人之间的矛盾。

例如有这么一个事例：

在一家新成立的儿童教育咨询公司，它将美国的某儿童教育品牌带到中国，其发展战略是通过发展俱乐部会员制，推广先进教育理念，从而扩大其在中国的影响力和知名度，最终拥有自己特有的品牌产品以及传媒刊物。它的受众是学龄前儿童，因此主攻方向也主要在高档社区和幼儿园。他们通过给这些社区和幼儿园发放问卷以及搞一些活动来和其他机构建立联系，这样获取准客户信息，再由销售部推广员逐一跟进做工作。因该公司对客户的分析和市场的定位是比较准确的，且当时也没有实力相当的竞争对手，因此，没多久就成为一些大众传媒关注的对象。该公司精明的经营者意识到这是一个不错的机会，立即与一些媒体取得联系，将他们作为自己宣传的窗口，进行连载式的报道，知名度和影响力就这样逐步攀升。

好景不长，问题就接踵而至：会员制的推行速度减缓；已建立联系的幼儿园、社区要退出；新市场的开拓还没跟上；销售部人员流动很大，能工作超过2个月的"资深销售员"没有几个。公司总经理在头痛不已的同时深感迷惑，为什么正确的战略带不来收益呢？于是，他想到用奖惩机制改变现状。为此，就出现了以下一些事件：

事件一：在全体员工大会上，领导说："我们是新成立的公司，许多地方还不完善，希望每位员工都把这份工作看成自己的事业，有什么新想法就提出来，公司一定会重奖。"几个"热血青年"受到鼓舞，纷纷向公司递上了自己的建议书。石沉大海的不计其数，甚至招来上司的冷嘲热讽："你把写建议书的精力用来多见几个客户的话，你的销售业绩就不会这么差了。"

事件二：公司表彰了一批员工，可其中有相当一部分在大多数员工看来是不应该上这个光荣榜的。他们工作表现一般，无论是业绩还是态度都只能算中等。经过比较，大家得出比较一致的观点：和领导走得近一点，私人关系好一点，比工作干得卖力点更重要。

事件三：张员工从一名普通员工很快升为总经理秘书，从公司组织结构看，她的地位和副总是一样的。总经理也常在人前人后夸她："张是公司最勤奋的人，每天是最后一个离开公司。"此后，公司加班的人逐渐多了起来。大家上网玩游戏的有之，聊天的有之。总之，公司里的"人气"旺了不少。

事件四：某位员工因工作表现突出，上司总对她说："我一定在下周的例会上要求总经理提高你的底薪。"可是事隔两月也没什么动静。

事件五：销售部门一销售员的业绩第一月占了整个部门销售指标的90％，后连续三月都保持占全部门的销售指标的60％以上。在她看来她的所得和那些业绩远不如她的人相比相差不大，她所付出的时间和精力也没有得到应有的回报。

事件六：一新加入公司的员工忙中出错，在一份对外宣传的资料上将公司的热线电话号码印错了。总经理一怒之下立刻将这个人炒掉了。可没过几天，总经理秘书在写给报刊的一篇文章中也犯了同样的错误，这件事却不了了之。这让许多员工感到不解。公司对不同员工的对待差别如此之大，且相当不合理，使不少员工都感到气愤。

从这六个事件中，我们可以看到，这家公司的奖惩制度如何。他们对自己公司的基本奖惩制度一点都不严肃，在奖惩机制、奖惩内容、奖惩时间、奖惩对象、奖惩方式、奖惩强度这六个方面都没有制定了明确的执行标准，反倒是推行一些不公平的、特殊化的奖惩标准，在公司内部造成了巨大混乱，引起了员工间的猜疑、不团结。其对公司发展的后果，我们可想而知。事实上，每个公司都应该从建立起，就明确公司的基本制度，尤其是奖惩方面，以凝聚人心、规范工作。

一个公司的奖惩机制是其企业文化的重要组成部分，是对员工行为塑造的基本机制。它像一只手，指挥着员工的工作干劲。公司奖励什么行为就意味着鼓励员工多发生什么行为；同样地，惩罚什么行为也就是希望在员工中抑制甚至杜绝出现类似行为。从以上几个事件可以看出，该公司是不鼓励员工参与公司决策，而鼓励的是听话、和领导保持"密切"关系，同时又"埋头苦干"的行为。对于一个新成立的公司他实际上的奖励和惩罚行为都和他的发展战略背道而驰。长此以往，员工的精力都放在了和领导建立私人关系上，而长时间的"工作"身心俱疲，试问如何带来收益？企业真正应当塑造的行为，应当是正当的，真正有利于公司和个人发展的行为，而不是这些错误的行为。

奖惩的及时性是对员工发生的行为给予及时准确的反馈，它是有效激励的一个重要指标。试想，你因工作表现的突出，老板立刻拿出现金奖励你；你工作表现的突出，但老板答应发给你的奖金却经过了层层审批，半年之后才到你手上。哪一种激励更有效呢？毫无疑问是前一种。从行为主义心理学角度来看，延时的强化效果是递减的，如果半年以后奖金才到手，其激励效果恐怕和不激励已无多大区别了。

奖励或惩罚一个员工，目的是教育其他员工。激励不该激励的人，某种程度上讲，是对应激励人的一种惩罚。所以激励对象的选择也是相当重要的，事件三，我们可以很清晰地看到，奖励应该奖励的人，是一种树立榜样的手段，它有助于塑造被激励对象甚至其他员工的行为。当员工知道什么样的人能够被奖励，什么样的行为能够被强化，那么他们也自然会向那个方向努力。

该公司采取的奖惩方式大都与金钱有关。其实，奖惩方法多种多样，管理者的言行举止既是员工获取信息的来源，也是奖惩的方式。除金钱外，晋升、带薪休假、委以重任、提供培训发展机会、表扬、解雇、降职、批评等等都是不可或缺的方法。对不同员工和不同情况应采取不同的方式。要综合运用有效地奖励方式才能调动广大职工的积极性。

对不同员工，奖惩强度应当有所不同。但这种差异应该有一个"度"，不能过于厚此薄彼，不能搞特殊化。事件六，该公司的惩罚完全是对人不对事的。对不同人的处理意见完全不同。一个新加入的员工，一个是劳苦功高的老员工，强度上的确会有所不同，但应有量的不同，而非质的差异。试想，如果公司对总经理秘书也采取某种形式的惩罚，例如扣除奖金等，恐怕其他员工就不会对此事有如此大的反响。这样的奖惩机制不可避免会带来人员高流失和员工工作动力的丧失，也正是如此，造成了公司效益的大幅度滑坡。

这个具体的奖惩事例启发我们，任何一个公司都要注重自己的奖惩制度的建立，尤其要注重其明确化、平等化，倘若制定了制度，由于搞特殊来针对不同的员工实施，最好带来的后果只能是制度的低效和破坏，给公司的只能是效益的损失。因此，我们既要维护制度的权威性，又要做到对员工的奖惩作用，必须明确奖惩制度，坚决杜绝特殊化。

5. 持之以恒抓落实，不达目的不罢休

有了正确的战略，还要有正确的人来执行它、落实它，才能真正地带来效益。

抓落实、抓执行，贵在持之以恒，也难在持之以恒。一些企业抓落实、抓执行之所以成效不佳，往往与缺乏经常抓、反复抓、持久抓有关。如果只是抓一阵子松一阵子，热一阵子冷一阵子，不能一抓到底，那怎么能把工作落实好呢？抓落实，一定要防止虎头蛇尾。目标一旦确定，任务一旦明确，就要带领广大干部职工咬定青山不放松，不达目的不罢休。

从前面的内容中，我们可以看到，企业经营目标及管理制度固然重要，但是再好的目标和管理制度，如果没有强有力的执行力、没有强有力的工作落实，那也只能是完美的"空中楼阁"。因此，必须在抓好落实上下功夫，做到持之以恒抓落实，不达目的誓不休。

光布置工作而不进行检查，就像农民种庄稼光下种不施肥一样，不可能得到应有的效果。

（1）从态度上抓落实

当年"世界杯"赛前的中国足球队教练米卢，明知中国队从技术、战术、体能、速度与世界强队有差距，硬是没有放弃奋斗目标，提出"态度决定一切"的口号，先抓队员的态度和刻苦训练，中国队在米卢带领下打进了世界杯决赛圈。"态度决定一切"就是工作落实的前提，一定要持之以恒。

抓落实，首先是抓认识的提高，抓良好的心态，只有态度端正了，工作

落实的质量才能提高，效果才会变好。假如我们去完成某项工作时，把落实责任当成履行对企业的承诺，无论多么复杂艰苦的工作，在责任感面前显得都是异常的渺小，有了责任心，就会有落实效果，有了落实效果，企业才能实现改革、发展目标，实现又好又快发展。

（2）从责任上抓落实

工作、任务的本质就是责任，落实就是履行责任。要使责任落实到位，没有强有力的责任心是不行的。人的思想观念有进取的，有落后的，有积极的，有消极的，要提高企业执行力，就必须不断强化责任意识。相同的工作交给负责的人去办，他会千方百计地把工作落实好；责任心不强的人就会敷衍了事，表面上落实，结果则难以令人满意；如果是不负责任，甚至谋私利的人是更不可能抓好工作落实的，只会损害企业的利益。因此，要从责任感教育上抓落实，使每个员工在很大程度上把工作落实、把责任心放在第一位。

（3）从作风上抓落实

工作落实来不得半点虚假，要提高管理水平，就首先要改进工作作风，摒弃一切空话、套话和华而不实的做法，克服"老好人"思想，真正把心思放在"实"字儿上。在一些司空见惯的工作面前，要创造出新成绩、新水平，没有不屈不挠的意志、毅力，不敢于碰硬、破解难题，没有扎扎实实、埋头苦干的作风，是不可能的。要从公司内部的工作作风上着眼，狠抓落实，当问题和困难出现时，即使身陷问题的深渊，只要坚持"解放思想，敢于改变思考方式，利用逆向思维"的工作作风，就会推动公司各项工作的落实。因此，管理者一定要立足实际，从实际出发，把各项工作落到实处，确保各项工作任务的圆满完成。

（4）从能力上抓落实

工作落实的好坏，是管理者工作能力的直接体现，没有过硬的本领和扎实的功夫，就谈不上较好地完成各项工作任务。因此，管理者要提高自身能力，要不断加强对管理理论、政策法规、业务知识的学习，以提高知识能力；要深入基层，深入工作现场，多做调查研究，熟悉工作流程，懂得化解各种工作难题，并不断总结经验教训，以提高工作能力；要在工作中不断地发现新情况，解决新问题，运用新办法，提出新思路，在原有工作上精益求精，通过创新发展，不断改进工作，提高自己驾驭复杂问题的能力，较好地应对新的挑战，以提高创新能力。这样就会底气足、方法多、工作落实力强，就能"敢想、善看、实干"，就能以企业为家，不折不扣地干好本岗工作，把各项任务落到实处。

（5）从质量上抓落实

抓落实必须讲究质量，即要注重工作效率和工作业绩。因此，在这一过程中要突出重点，抓住关键点，就抓住了矛盾的主要方面，其他问题就会迎刃而解；要按制度办事、用制度管人，让制度成为约束员工的行为准则，坚持定期检查、及时回馈落实工作中存在的问题，监督现有制度的落实；营造好自己企业文化，使其真正融入到每个员工心中，员工的意识、行动就能和企业目标一致，抓落实，质量就会全面提高，从而带动企业各项工作的真正落实。

公司高层是抓落实的榜样，高层的执行力、落实力就是中层、基层学习的模范，没有上层的检查、督促，中层和基层也会偷懒，要坚持抓落实的长效机制，坚持从态度、责任、作风、能力、质量上抓落实，建立落实机制，把握好这一点，强有力的工作能力才能带来强有力的执行力，强有力的执行力才能确保企业各项工作的落实、经营目标的实现。因此，提高落实力，高层先给力。

第十章

落实不落实，中层很关键

公司是通过各个部门中的管理者与员工的通力协作来达成公司的目标任务的。在这个过程中，中层起着承上启下、承前启后、上情下传、下情上传的作用。一个公司的战略任务要做到层层落实，其中层尤为关键，因此在落实过程中，中层的力量决不能轻视，更不能忽视。只有这样才能将高层的思路，通过中层的决心予以传达，到达基层员工的大脑里、双手边，只有这样，公司这艘大船才能破浪前行。

要将高层领导的思路、决策、意志等贯彻到公司的发展中，中层要下决心，因为中层的执行力是公司管理的关键，是企业的"脊梁骨"。正是中层需要负责把高层的思路、意志转化为基层员工切实可行的具体细则，目标任务的细化、量化、分工都需要中层合理恰当地制定和传达给基层员工。

摆正心态：
上要对得起公司，下要带领好团队

公司领导的思路和公司战略是融为一体的，只有这样公司才会具有执行力。尽管负责大方向的思考、应对投资人及政治人物等都是高层领导工作的一部分，但是领导工作决不仅止于此。他们还须亲自深入公司中层、基层中，调查研究、听取大家意见，为更好地制定公司战略、规划，更好地发展公司，更好地督促公司各级各部门。公司的大局安排，需要对企业的营运、人员与环境等有完整的了解，也唯有高层领导所在的位置才能达到这样的了解。

在高层领导们制定好公司发展战略的前提下，下一步需要的就是中层的下决心对战略的分解、细化、量化等，为基层分配任务。

一般认为，中层执行力的好坏是公司战略实现的决定性因素，因为它是居于公司发展的中间环节，承上启下。中层作为企业的中间层，要有理解并组织实施上级领导布置的任务的能力，通俗地讲就是把事情做成功的能力。企业要想快速发展，中层必须下决心，摆正心态正确处理好自身在公司内部所处的位置以及所发挥的作用。

假如我们把一个公司比作一个人，老板是脑袋，要去思考企业的方向和战略；中层就是脊梁，要协助大脑传达和执行命令到四肢，而四肢也正好就是基层员工。

因此，中层就是公司高层领导的"替身"，就是支持大厦的"脊梁"。中层核心的功能就是上对得起公司，下带领好团队。

所谓对得起公司，就是要把公司的任务做好，在自己的本职工作上扎实有效地做出业绩。要深知自己是公司的"脊梁"力量，明确自己的作用和公司对自己的要求。对上负责的中层，就是要具备较强的执行力，做到将公司的决策落实到基层，完成高层交付的信任。

所谓带领好团队，就是在遇到阻力时，要想方设法调动成员的干劲，使他们包括领导者自己都要摆正心态，不急不躁，踏实、稳健地组织带领员工高效高质量地完成公司交办的任务。

任喜安是中国铁建中铁建设集团北京分公司第44项目部工程经理，也是一位中层干部。提起他，同事说他是一名优秀的质检员；说他干工长好样的；说他真是雷厉风行，对工作尽心尽责，没说的！一晃眼在中铁建设集团度过了20多个年头，一路走来，他在每个岗位上都是那样的坚定、稳健，对公司负责。

"忠于职守，尽心尽责"是对他的写照，3年的燕郊"汇福苑"工程，不知不觉使他又多了些许白发，但是他对如何干好工作有了更深刻的理解，来广营工程也很好地诠释了这一点。2009年10月22日进入中铁地产来广营1号地项目工地以来，面对工期紧、任务重、项目部无办公环境、施工无道路设施等重重困难，每个员工身上都有压力，刚刚上任的任喜安，压力更是可想而知。

真金不怕火炼，真正有意志力的人是不会被压倒的，在他的带领下，项目先后开展了两次声势浩大的劳动竞赛，他积极筹划竞赛的每一个细节，制订考核标准、充分宣传讲解、认真进行检查，每一个环节他都亲历亲为、一丝不苟，使项目部全体管理人员和劳务人员充分了解劳动竞赛的意义和作用，营造了浓烈的竞赛氛围。

他通过组织开展劳动竞赛，激发项目参建各方的劳动积极性，各劳务队主动协调各种资源，加班加点开展冬施，极大地提高了工作效率。2010年北京冬季大雪不断，气候条件对于施工生产极为不利，许多工程工期也因此延误，但因为劳动竞赛开展措施得力，44项目部在短短50天时间里，超额完成甲方（中铁地产）制定的施工计划，提前实现出正负零的目标，创出了首层混凝土全部浇铸完毕的好成绩，比预计多完成3000平方米，受到股份公司领导的高度肯定。同时，也为春节后大模板和材料的提前进场创造了条件，保证了下一步施工生产的顺利进行。

2010年4月份，在甲方、监理组织进行的多次文明施工现场大检查中，44项目部在三家总包单位（城建亚泰、中铁十二局、中铁建设）中名列第一，获得甲方颁发的"施工现场综合管理"流动红旗一面。2010年4月25日，中铁地产集团进行整个中铁地产全国范围大检查，44项目部得到的评价是：在中铁地产全国范围内的工程中，来广营工程和长沙工程做得最好，同时安全文明施工、大型机械等现场管理在来广营工程三家总包中均评为第一名。

同事们都对这位谦逊随和的河北汉子抱有深深的好感，更对这位对工作雷厉风行，深夜还在细化工程进度的工程经理有了深深的敬意。面对甲方和项目部领导对他的赞赏，以及同事们的夸奖，任喜安总是腼腆地一笑，由衷地说，"作为工程经理，要对得起大家对我这份沉甸甸的信任"。

这份沉甸甸的信任就是公司领导的期待，就是集团员工的希望。任喜安正是在工程始终都摆正了自己的心态，自己是公司的一名普通中层，要带领广大职工完成任务，就必须想尽一切办法激励员工的工作干劲，做到对上对得起公司，对下带领好团队，做好自己中层的本职工作。

身先士卒：
带领员工冲锋陷阵，关键时候冲得上去

　　史瓦兹·柯夫将军说："下令要部下上战场算不得英雄，身先士卒上战场才是英雄好汉。"领导者的榜样作用具有强大的感召力和影响力，是无声的命令。中层管理人员作为公司里的中坚，他们的作用其中之一就是带好下属员工。

　　1. 历史的经验

　　历史上，初唐统一战争的历次战役中，李世民总是冲锋在前、身先士卒；在同王世充的对阵中，他令秦叔宝、程知节、尉迟敬德、翟长孙分别统率骑兵轮番向敌阵发起攻击，而他本人则轮番参加每一次冲击并率队为前锋。

　　李世民总是身先士卒打头阵。有一次，他带五百骑兵巡视前方地形，结果被敌人骑兵包围。敌将单雄信挺槊直取李世民，尉迟敬德跃马而出，将单雄信刺落马下，掩护李世民突出了重围。

　　还有一次，李世民与窦建德交兵，李世民只带尉迟敬德一员大将和几个士兵去诱敌，窦建德五六千骑兵追杀过来。李世民善骑射，毫无惧色，他亲手射死一员敌将和几个士兵。尉迟敬德也杀了十几个士兵，居然吓得几千骑兵不敢再追。

　　作为全军的统帅，李世民几乎每战都身先士卒，带头冲锋，这就大大地激励了全军将士的杀敌士气，个个奋死争先，为夺取战争胜利提供了保障。

　　2. 世界名企的经验

　　作为一个公司领导者，也理应承担带领部属行动的责任，如果只会躲在办公室发命令，而不敢带领员工在业务线或生产线奋斗，不仅无法打造成一个具有高度生产力的团队，而且也使员工之间离心离德，不愿奋力一搏。

沃尔玛家族是做超级市场零售小生意的，服务于身边最普通的大众人群，但沃尔顿却是最富有的人。在2004年美国《财富》杂志的500强排名中，它排在了第一。为什么沃尔顿能获得如此巨大的财富呢？

一次，《财富》杂志的记者要采访沃尔顿，对他说："明天我可以到你的办公室采访吗？"

沃尔顿说："当然可以。"

翌日，那位记者就到了他的办公室，等了半小时还没看见沃尔顿的出现。记者非常生气，他不禁想：你以为你是谁，有几个钱就了不起，看不起我这个小记者，我就凭这支笔和你斗一斗……当秘书经过办公室的时候，仍见这位记者在等，便说：让我找找他。后来秘书说：找到了，他在前面20米的零售店门外。

那位记者便立即去找沃尔顿，看见他正为顾客将货物装箱，并抬上货车。

一个世界上最有钱的人，居然做这种工作，那位记者对沃尔顿说："你不是答应在办公室等我吗？"

沃尔顿答道："当然，我是在等你来啊。"

记者问："那你为什么在这里？"

沃尔顿答道："我的办公室就在街上，这是客人最需要我的地方，难道是在空调房里吗？"

任何人都可以获得财富，关键看你是如何做的。身先士卒，常常出现在顾客最需要的地方，这正是每个企业中层或管理者获得成功的关键所在。

松下幸之助认为，要提高商业效益，首先管理者就要以身作则，起好带头作用。日本企业家士光敏夫也认为，管理者以身作则的管理制度不仅能为企业带来巨大的经济效益，而且还是企业培养敬业精神的最佳途径。

俗话说：领导动，部属也跟着动。在士光敏夫接管日本东芝电器公司前，东芝已不再享有电器业摇篮的美称，生产每况愈下。士光敏夫上任后，每天巡视工厂，访遍了东芝设在日本的工厂和企业，与员工一起吃饭，闲话家常。清晨，他总比别人早到半个小时，站在厂门口，向工人问好，率先示范。员工受此气氛的感染，增加了相互间的沟通，士气大振。不久，东芝的生产恢复正常，并有很大发展。

士光敏夫有言："上级全力以赴地工作就是对下级的教育。职工三倍努力，领导就要十倍努力。"如今，日本东芝电器公司已经跻身于世界著名企业的行列，这与士光敏夫以身作则、身先士卒、冲锋在前的管理制度是分不开的。

麦肯锡公司的一项调查表明：有的公司能保持持续发展和改革，达到更高的业绩，关键的因素在于有一批身先士卒、勇于担当的中层管理者和专业人才。是的，任何一个企业需要的员工都是要能创造效益的有价值的员工。

领导者自身行为就是整个企业的风向标，所有的员工都会拿它作参照物。在企业日常管理中，领导者一定要身先士卒，积极参与，关键时刻上得去。如果只会在办公室发号施令，在会议上大讲特讲某件任务的重要性和紧迫性，号召广大员工加班加点，而自己却是漫不经心，结果只会使员工一盘散沙，效益急剧下滑。

所以，领导者要带动每个员工共同负责，积极参与到公司的日常业务中去，身体力行，让员工经常能看见自己的身影。这样，才能给员工做表率，影响员工，在公司里树立起榜样。可以说，领导者的榜样就是对部下行动的最大激励。

正派做人：
不搞团团伙伙，不搞拉帮结派

公司干部要讲究正派做人，不搞团团伙伙，要积极与员工和其他部门搞好交流，为公司整体利益出谋划策。

1. 团团伙伙的弊端

在一些企业里，从组织体系上看有老板和各级主管，而在现实的公司内部，常会出现一些"小集团""小团体"。如，市场部是一团，销售部又是一伙。除了级别差距和隶属关系带来的集团之外，同级之间也存在这样的问题。尤其是一些资格较老的中层，喜欢自立门户，聚集一些员工在自己的门下，形成一个个小圈子。高层有帮派，下属有圈子。

倘若形成这种格局，就会使员工将大量精力放在团伙斗争、帮派争斗上，给公司的整体发展带来难以估量的损失。如：

（1）直接影响正常的人事管理，诸多的人为因素带来很多干扰和麻烦。一定程度上形成双重领导，使正常的人事管理系统无法有效发挥作用。

（2）内耗增大。为了本帮派的一些私利，扩大势力范围，甚至是名誉和面子上的胜出，帮派之间往往会动用公司的资源进行帮派间的斗争，也就是在用企业的资源来打内部消耗战。

（3）帮派之间的互相斗争往往会把整个公司内部搞得乌烟瘴气，败坏公司形象和在行业内的形象。

（4）直接打击新员工对公司的信心，以及他们对工作的创造热情。

这样就会对公司的发展制造人为的阻碍，因此，各级领导都要公道正派，光明磊落，把问题和困难放在台面上解决，决不能暗自怂恿，不依不饶。

2. 公道正派

时任中共组织部部长李源潮曾经讲：做人要正派，党的干部对党要忠诚、对人要坦诚，要求别人做到的自己先做到，要求别人不做的自己先不做。对不正之风和错误言行，要敢于批评和抵制，不当"老好人"。（李源潮《在浦东、井冈山、延安干部学院2009年秋季开学典礼》上说的一番话）其实，对于一个公司、企业也一样，公司、企业领导干部要做人正派，对企业忠诚，对公司出现的不正之风要坚决制止，不能为了搞小团体，而在公司内部谄媚员工，制造公司不团结的因素。

一个人生活在世界上，最根本的就是要做一个"大写"的人，即要讲点道德品质和人格情操。而"正派"则是做人或做个好人的一项最基本的思想品德和行为规范。

《大学》道：修身，齐家，治国，平天下。治国平天下的根本在于修身，而修身的根本在于心正，心正则做事为人就正派。

心正才能刚正。刚正就是刚强正直，坚持原则。在公司的制度面前、工作规范面前，要坚持，毫不含糊。做到实事求是，一就是一，二就是二，不要企图搞些团团伙伙，拉帮结派去破坏公司的既有规章制度。而是要全体员工同心协力去创造公司的良好的工作环境。

心正才能清正。一身正气，两袖清风。干干净净做事，认认真真做人。要做一个人品好，正派的好中层干部，做一个清廉风正的好员工。严格按照公司制度办事，讲原则，注重细节，时刻注意工作作风，要善于反省自己的工作，抵制团队内部、公司内部的各种不正之风。

心正才能公正。公正，表达的是一种合理的价值追求。公司内部对于全体职工要一视同仁，做领导的最容易偏袒人了，员工最忌讳不公正。要像包拯断案一样，时刻牢记公正公平，做到使员工信任、放心。偏袒任何一位员工都将是破坏公司制度，对公司的长远发展和制度、文化建设将是有害而无利。

坚持做到心正，公公道道、心存正义，公公正正、一身正气，公公平平、处事唯公，这样的中层才能带领好员工，带领好团队。

正派作为一种思想境界、人格情操和外在形象，既内涵丰富、博大精深，又要求具体、见微知著。因此，对于公司中层领导来讲尤其重要，它是做好公司管理的第一原则。一个人的能力可以有大小，职务可以有高低，但正派做人、正派做事的"标准"不能低。古人云："德不厚者不可使民"，道理就在这里。

历史的经验和现实的教训不断告诫我们，正派的人才能做好工作。没有正派的人品做底子，缺乏做人的基本品德，就会人品不端、德品不修、官品不正，一旦权力在手，势必生邪心、走歪路、办坏事。

因此，公司中层处于上乘公司搞层，下启公司基层员工的关键位置，在落实层面尤为重要。必须坚持公道正派的角度，为公司的长远发展建立有利于公司进步的优秀团队，而不是滋生团团伙伙，拉帮结派。

工作中对下属员工一视同仁，不分亲疏，不因自己的好恶偏袒或刁难员工。处事光明磊落，主持公平、公道，不用以牟取私利；在决策时广泛听取员工的意见，及时采纳员工的合理化建议；自觉执行企业各项规章制度制度，主动接受广大员工的监督。

3. 搞好公司人际关系，避免复杂化、帮派化

在公司内部，中层干部要做好人际关系工作。杰克·韦尔奇曾说道：管理就是沟通、沟通再沟通。

公司发展到一定阶段，就有可能出现：员工间拉帮结派，部门间、员工间不断地为利益和权力而殊死斗争，从而加大内耗，内部沟通不畅，员工积极性不高，降低公司的运作效率。

可悲的是，有些公司竟然流传着这样的口号："多干多错，少干少错，

不干不错"，而这种原因正是因为缺乏公正的评价体系，以及创新和承担责任可能会有很大风险。这种风险包括可能的失败、职位的变动、待遇的变动、以及一个更为重要的因素是害怕招来人为的责难。

还有公司存在这种风气："做错事事小，站错队事大"。员工带着这样的价值观念和恐惧与担忧工作，就会使自己把主要精力用于揣摩领导意图和迎合领导的需求上，而不是思谋工作的改进、效率的提高上，从而淡化或放弃员工、干部自身工作的责任，长此以往，势必会影响公司的成长和未来发展。

特别是那些家族制的公司，其产权的安排是家族公司发展到一定阶段的必然面临的问题。当公司规模还小和管理简单的时候，家族管理以血亲、亲缘为纽带，可以"边吃饭边开董事会"，核心层信任度高，也能够低成本地组织各种公司资源，还可以减少家庭成员信息间的不对称，强调家长权威，亲情原则的家族伦理能有效协调家族成员内部的利益矛盾，只要贯彻业主意图，公司凝聚成极强的向上合力，就不会较大地给公司带来负面影响。

但是，随着公司规模的不断扩大，管理层次的复杂化，公司逐渐聘用大量外来管理人员，管理权动态调整，公司人际关系复杂化，公司开始出现家族成员内部的利益矛盾及"自家人"和"外来人"两个利益集团矛盾的冲突。家族伦理规则这时候对于调节公司内部矛盾将会无效，而那种符合现代企业制度的管理规则又没有建立起来，甚至就无法植入这种家族公司。曾经颁布的各种规章制度也已流于形式，创业时期的那种"亲兄弟、父子兵"的情形早已消失，父子反目、兄弟分家、夫妻离异的案例时有发生，公司的凝聚力急剧下降，员工和内部领导全将精力丧失在内耗上。

事实上，公司内部人际管理中存在的问题并不是因为管理者不会处理人际关系，而是因为没有理性、民主和科学的方法。但有学者认为我国人际关系学缺少理性和逻辑，更像是艺术而不是科学。它教给人们的是凭感觉和直觉处理问题，使人们处理人际关系问题时表现出一种非理性倾向。而这种人际关系学是根植于人与人交际有限的传统农业社会，这种方法在家族型小公司内部还可以发挥作用，但是对于较复杂的现代公司就难以应付。

为此，公司经理人要坚持理性与民主、公道正派的人力资源管理原则，从而有效避免复杂化、帮派化、团伙化等的不良人际关系和员工关系。

天时不如地利，地利不如人和。一个企业要发展，一个团队要干成事，一个中层干部要做出成绩，不众志成城，就不可能战胜困难；只有大家团结一心，才能踏平坎坷成就康庄大道。小公司随着规模的扩大，必然会引入更多人才，于是人力资源管理就成为一个重要的命题。因此，对于一个奋进的公司而言，要着力避免复杂化、帮派化、团伙化的人际隔阂，要使整个团队团结一心，凝聚战斗力，不断发展公司。

[高效做事：
在落实中行动，在行动中改善]

常听到：效率就是生命，效率就是金钱。在追求效益和赢利的公司、企业里，追求高效是亘古不变的定理。一个公司的战略的落实情况关键依靠中层和基层，其中中层尤为重要，因为它是中枢地位。要高效率地做事就要注重提高中层的执行力。从全世界范围而言，执行力是作为任何一个公司实现其战略的必要条件。执行力的实现重在落实中行动，在行动中改善。任何行动首先都不会是完美的，因此在前进和行动中改善，是争取高效做事的捷径。

美国著名企业ABB的原董事长巴尼维克曾说："一个企业的成功，5%在战略，95%在执行。"可见，执行的重要性。一个企业好的战略都需要中层的分解和落实来实现，任何一个细节不到位，都会成为阻碍公司发展的绊脚石。落实不好，效率不高最后的结果就是，种下的是龙种，收获的只能是跳蚤。

1. 高效体现在行动中，改善体现在落实中

落实要体现在行动中，而不是挂在嘴边，行动中的落实才是真正的落实。行动中的改善才是完美的落实。二者的结合才能达到高效做事。

高效做事，效率高了，就会为自己赢得更多空闲时间，做更多的自己想做的事情。也只有效率高了，你才能生活得轻轻松松。那么一般来讲，我们如何才能实现高效行事呢？

首先，要学会做任何事情时都要有一个总的规划，一个系统的安排，这是高效做事的关键。这里的有序要建立在合理范围内。以我们日常生活而言，早晨起床后我们的事项是穿衣、叠被子、整理房间、收拾工作用品；开热水

器、刷牙、洗脸、出卫生间；吃早饭、整理饭桌出饭厅、拿包、上班。假如顺序混乱，在卧室的事情还没做完，就跑去厨房做其他事了，这样来回折腾一回，可想而知，做事的效率会是怎样：穿衣、出房间、刷牙、洗脸、回房间、叠被子、整理房间、开热水器、吃早饭、整理饭桌出饭厅、回房间拿包、上班。这样效率能高吗？

其次，平时要多积累，不打无准备之战。假如你作为中层经理，领导交予你一项事务，要求你将本部门的年终总结在一周内交给他。在一周内要交本部门的年终总结，你可能面临两种形势。第一种是你平时就在随时做总结，将自己工作中和员工的汇报、请示、提问等相关材料都整理得井井有条，现在你可以将这些材料根据本部门今年的工作情况构思好总结框架，然后利用已经掌握的材料填充编写最新报告。另一种是你平时逍遥自在，现在接到老总的通知，时间紧，任务重，平时也没准备材料，现在要着急拿出符合实际的总结，可能就要忙碌了，这种忙碌是慌张性的忙碌，一边是老总在催着要总结，一边是你在这里写，还时不时地对下属发脾气，这样最终不仅搞僵了与下属的关系，同时也拿不出符合实际的高效的总结报告。最终结果可想而知。同时也在这次的慌张中，一边吸取教训，一边完善自己未来的做事方式。

第三，要培养自己看问题看到点子上、做事做到点子上、说话说到点子上的能力和水平。避免做外围不着边际的事情。老板批评你做事效率低，你摆了一大堆道理和原因，肯定会激起老板的反感。在这种情况下，一定要虚心，切不可自大和夸夸其谈。另外还要锻炼自己要有做事情全局观念。我们都熟悉盲人摸象的做事方法，只是让你像足球守门员那样焦头烂额地置身于那些烦琐的事务中无法自拔。解决这个问题的最好办法就是站得高、看得远，这样容易把握全局，分轻重缓急，合理安排时间，合理做事。

第四，就是要具备应急能力，这也是高效做事必备的一个条件。1994年4月5日下午两点，海尔集团接到一个德国经销商打来的电话，对方要求海尔必须在两天内发货，否则订单就自动失效。对于海尔而言，两天内发货就意味着必须在当天下午就将所需货物装船，而此时此刻正是周五下午两点，按海关、商检等部门下午五点下班计算，时间也只剩下三小时，但是还必须完成这项任务，按照一般程序，做到这一切几乎是不可能的。如何将不可能变为可能，海尔人在这一刻利用了团队的巨大能量，采取齐头并进的方式，调货的调货、报关的报关、联系船期的联系船期，全身心地投入到工作中，牢牢抓紧每一分钟，使任何一个环节都顺利通过。以惊人的速度，在当天下午五点半时刻，这位经销商接到了海尔货物发出的消息，他非常吃惊，吃惊再转为感激，还向海尔写了感谢信。这就是一件应急事项。

作为海尔来讲也许是获得了一笔订单，获得了一笔收入，但是对于员工和中层而已，这是难得的一次应急事项处理而已，如果没有平时的有效合作和高效做事，在这么短的时间内，是无论如何也不可能完成这笔交易的。可见作为公司员工，特别是中层，尤其要重视高效做事，并且在扎实落实中积极行动，在已有的行动中逐步完善。

2. 强化情报感应的敏锐力，高效提取信息

对商业信息极其敏感的人而言，不管做什么事，总是时刻保持高度敏锐。信息满天下，专寻有心人。一条有价值的信息，一个准确的情报，会使一大笔生意成功。敏锐中要蕴含着高效。

"凡事预则立，不预则废"，微利时代更是如此。微利时代虽信息高度发达，但市场形态千变万化，大范围综合性的信息随时迸发，但它不一定能准确反映一个局部地区的市场状况或消费倾向。经理既要将项目放在大市场中思考，也需在广泛收集信息的基础上，对不同市场区域情况具体分析，提取有效信息，才能做出符合市场真实状况的判断。符合市场真实状况的项目，才会有生意，才有利可图、有钱可赚，这是精细化管理、高效化作业的应有之义。

信息爆炸时代，也是信息泛滥时代，每天面对大量信息而无所适从。这就需决策者具备敏锐的情报感应能力，采取科学有效的方法高效提取信息。

洛杉矶郊外的海边，有个涂黄白两色的、四周用铁刺网围的二层大楼。常有许多警卫带着手枪小心翼翼地巡逻。这个警卫密布的大楼就是驰名世界、走在时代前端的情报分析公司，这就是闻名世界的"兰德情报公司"。我们知道现代社会已进入知识产业时代，能及时、准确、高效地提供最新知识和最新技术的公司将大受欢迎。

收集大量最新可靠的情报，再将其加以分析研究，再把新知识和新技术提供给公司界和政府机关的生意，被称为点子公司。现在这种公司在美国共约400多家。其中只有兰德公司历史最悠久，规模、情报的正确性是举世无双的。

若在获取信息的时间上，不占先手，在如何从各种信息中解析出有用的信息，据此做出决策，并采取相应行动，同样可以占据领先位置，到达成功彼岸。

20世纪70年代中期，日本一贸易公司驻莫斯科的代表给公司总部发了封电报，电报告诉总部一则消息：苏联的几名高级对外贸易官员准备启程前往纽约。这家贸易公司从电报中感到某种可以发财的机会。他们是如此进行分析的：苏联这么多重要人物前往纽约，显然两国之间有重大行动，而这些行动又如此保密，可见事关重大，事情越秘密越会引起重大反响。

鉴于上述分析，公司总部电令驻纽约代表，密切注视这些苏联人在纽约的活动。而苏联人的行动极为神秘，根本无法同他们接触，更无法知道他们纽约之行的意图，只从公开材料中了解到接待苏联客人的美国官员有分管外贸和农业的官员，他们在纽约稍事逗留后，就飞往科罗拉多州了。至于去干什么，就不得而知了。贸易公司驻纽约代表只得将这些少得可怜的材料汇报给公司总部。

总部从这些支离破碎的材料中分析出了有价值的情报。科罗拉多州是美国产粮区，当年正值丰收，美国分管外贸和农业官员陪同苏联官员前往那里，显然与粮食有关，而苏联当年粮食歉收，缺口很大，由此他们判断出苏联官员此次纽约行是同美国政府洽谈购买粮食事宜。

基于此，日本贸易公司采取果断措施，密令其在各国的分支机构，同时采取行动，不动声色地从国际市场上购进大批粮食。因行动极其秘密，日方人没有出面，而是寻找各方代理人，因此，这一巨大行动未被有关方面察觉。

没多久，苏联和美国达成一项从美国进口小麦的协议，消息一出，震动了各国粮食贸易商，世界粮食市场价格暴涨。这家日本公司将趁机购入的粮食抛出，一进一出，获取了巨额利润。

信息灵，百业兴。这家企业根本没有费太大的力气，只是高效地搜集和解读、分析了一条情报，就赚取了丰厚的利润，可见他们自身的信息工作能力之强。他们获取高效、分析高效、决策高效、实施高效，最后取得了成功。

勇于承担：
有责任敢于担当，有利益舍得谦让

中层干部是公司的骨干力量，既有担责的义务，也有让利的义务。因此，中层要正确处理好责任分担和利益取舍的关系。

1. 敢于担责

企业中的责任无处不在，不管是大事还是小事，中层干部都要有一种敢于担当的精神。对上要对得起领导，对下要带领好员工，使上层能将重任委托给自己，使基层能够安心跟着自己努力工作，完成集体的任务。要学会从小事做起，从小的责任开始，不论是对自己的工作进步，还是对企业整体，都是很有意义的，它是成功的基本保证。一个勇于担当的领导才是员工喜爱的领导，一个勇于担当的中层才是领导喜爱的中层。工作中的任何责任都是人为的，因此要学会承担。对自己的团队员工要爱护、鼓励。

敬业对公司员工而言，是不可或缺的良好心态，这不只是工作原则，更是人生原则。一件简单的小事情，所反映的是一个人的责任心。工作中的那些细节，只有那些心中装着"大责任"的员工才能发现并做好。一个公司也只有由这些心里装着"大责任"的员工来工作和拼搏，其各项工作才能被尽善尽美地完成，公司整体效益才会提高。

公司的成就，来源于每位员工的出色的业绩，业绩来源于责任。对责任有明确认识的员工，对公司的奉献就会有突出的表现，就会勇于担当。对结果负责就是对工作负责，因此，永远都要让员工特别是中层自己明确责任的分量。

责任心是道德建设，也是做人做事的前提。它体现了一种忠诚——对公司、对团队、对家庭的忠诚，会促使我们产生"铁肩担道义"的忠心；它也体现了一种认同——如果没有对公司价值观的认同，很难产生彻底的责任感；它还体现了一种心境——不论是对细节的关注还是对大局的把握，负责任的程度都取决于责任心的大小。担当是负责的表现，是使命的召唤，是能力的体现，也是制度的执行；只有每一个中层和员工都各尽其责、各司其职，我们的公司才会快速进步与发展。可见，勇于担当使人进步！

一切得到有效执行的规划在管理层面都可以归结为一点——表明了责权利对等的原则。这个原则是管理人员做管理的基本指南。但现实是，为什么经常出现管理者总是累得要死，总是发现没时间，可员工却总是没事干的情况呢？原因就在于管理者陷入员工逃避责任或回避风险的"阴谋"中。

风险与责任必须有人来承担，大度的中层管理者会为自己的下属担当。同样，有了收获、奖励和利益，大度的、懂得管理的中层也应该学会谦让。

2. 舍得让利

当然，对金钱、名利、情感……的追求欲是每个人的本性，人们总是渴望索取，渴望占有，对个人利益不择手段，牺牲他人利益，甚至大打出手……但往往忽略了舍，忽略了谦让。深谙谦让的真意的领导者、管理者，就会深知"失之东隅，收之桑榆"的真谛。

当获得公司的奖励和表扬时，作为一个中层管理者，要明白，所有成绩的取得离不开员工的辛勤劳动，没有员工勇于负责的付出，就不会有公司今天的收获。要将荣誉和利益归属于全体员工，懂得谦让。员工是公司的最重要的财富。

一个懂得谦让的人，并不一定会损失自己的利益。相反，在把细琐的利益让给他人的同时，自己一定会在别人不懂或无力追求的方面，获得真正需要的更大的利益。

佛曰，无欲则刚，过于执着是痴，一定要懂得放下。贾平凹在《舍得》

一文中提到："会活的人，或者说取得成功的人，其实懂得了两个字：舍得。不舍不得，小舍小得，大舍大得。"的确，"舍得"二字，其实已经囊括了人生价值的所有真谛。舍得就是生活的哲学，同时也是处世与做人的艺术。要得就要舍，有舍才有得。我们只要真正把握了舍与得的尺度，便等于把握了人生乃至公司发展的钥匙。要知道，百年老店，都是在一舍一得的重复中，不断壮大的。舍去的眼前利益，得到的是永恒的发展。

舍得，是一种精神；舍得，是一种领悟；舍得，更是一种智慧，一种人生的境界。

商场如战场，有进有退。不成功决不罢休固然有理、有志气，但是敢于让利也是一种更大的进步。

商业竞争是一种投资策略和管理活动，每一个市场都有自身的发展特点和周期在约束。因此，公司决策者和中层在贯彻公司战略的时候，就要考虑自己的投资风险和利润周期等因素。松下幸之助在自己的经营上就有很多让利的经历。他认为，让利就像拳击一样，收回拳是为了更好地还击。

第二次世界大战后不久，松下幸之助接手了一家濒临倒闭的缝纫机公司。起初，他自己觉得有办法起死回生，但由于不擅长此方面业务，且竞争对手林立，自感无法抗衡，就立即退了出来。当然，费了一番功夫，财力、物力、人力有些损失，但总比毫无希望地继续下去划算。

松下幸之助还有一次"让利"。1964年，他在大型电脑制造方面投注了十几亿日元资金，且已研制了样机，达到实用化的程度。当时，日本有包括松下在内的7家公司在从事大型电脑的科研开发，而市场却远不那么乐观，继续下去，势必形成恶性竞争的局面。松下认为，与其恶性竞争两败俱伤，不如早些退出为好，于是他毅然退出竞争。后来的事实证明，松下"让利"这步棋走得很正确。直到今天，家用、小型电脑长足发展了，大型电脑却比较冷清。

在现代商业世界中，让利是一种经营策略。面对利益的诱惑，能够看到背后的暗礁，并迅速撤退，从而避免更大的损失，这是每个经理人都要具备的一种智慧。特别是对小公司来说，当难得的发展机会来临时，经理人只有进退有方，在利益面前不一味地恋战，勇于让利，才能保证公司延续发展基业，避免在阴沟里翻船。

在众多商业竞争中，最高超、最困难的就是"走为上"。因为人们面对诱惑总是难以控制的。一走了之从某种意义上说，就是与自己作斗争，克服自己对利润的诱惑，而这往往是非常艰难的。小公司的经理人要有一种静若止水的心态和收放结合的达观理念，才能做自己力所能及的事，让公司一步步发展壮大。

这则故事虽是关于松下撤退的案例，但是，他原先的进入肯定是为了利益，为了盈利，但是不为利益所惑，看清形势后，做出明智的决断，也是企业发展的重要理念。也是勇于担当损失的责任，勇于谦让利益的智慧。

因此，作为一个中层管理者，要勇于担当，同时更要懂得舍得的原则。落实好这一基本思路，收获的将是很丰富的人生。

善于学习：
自己好好学习，团队天天向上

读书是人类进步的阶梯，同样，学习也是人类进步的阶梯。特别是在当今激烈竞争的社会，知识、信息都是呈现爆炸性的增长。放弃了学习，就是落后，就会挨打。作为公司的中层管理者，对公司的发展承担很大的责任。因此，要提高自己的学习力，做最好的自己，建最好的团队，带领员工不断落实公司各项战略目标。

学习是企业管理者的一项基本能力。管理者要做好自己的本职工作就要勤于学习、善于学习，构建学习型团队。

1. 三星是如何学习的

三星的成功绝不是偶然。其成功关键是它勇于挑战自我，关键时期敢于大胆割舍，随时以世界一流企业为标杆来学习。在1993年李健熙推动"第二创业"的第二阶段。他着重强调："现在不是能不能做到最好的问题，而是站在生死存亡的交叉路口，我们的产品距离赶上先进国家，还有好一段距离，大家要抛开只做第二的想法。如果不能成为世界第一，企业将无法继续存活下去。"

促成李健熙这种想法的原因，来自于他在外的一次考察。在洛杉矶的卖场中，到处可见美国通用电器、飞利浦、索尼、东芝等世界一流产品，这些一流的产品在市场上聚集了高度的人气。就在同一个卖场，也有三星的产品，可是布满厚厚的灰尘，被人置之不理。李健熙看后十分震惊，在韩国属于最高级的产品，在美国竟然还数不上个儿，三星考察团的心情都非常沉痛。

三星需要突破，应该向世界一流企业和产品学习，以他们作为我们学习的榜样。于是，李健熙带领自己的员工和团队，不断学习。他们吸取百家之长，向索尼、松下学习技术，向西屋学习库存管理，向西雅图百货公司学习客户服务，向瑞士手工制造表学对顾客的承诺，向惠普学习生产作业管理，向微软学习营销，向3M学习开发新产品。他们在每一个方面都寻找到了世界顶尖级的公司的成功特色，来号召员工学习，号召自己的团队学习。

他山之石，可以攻玉。勇于将别人的技术、管理或服务加以分析比较研究，作为改善自己的一种方法，并进一步创造自己的核心竞争力，从而提升自己的产品、质量和服务水准，真正让三星跻身世界一流。

2. 雷利自行车不学习的衰落

英国雷利自行车公司成立于1887年，它是一家世界老字号生产商，曾经盛极一时。

该自行车行自问世以来，几十年一直畅销不衰。不少买了雷利自行车的顾客，即使使用了六七十年，车子仍然是非常灵巧。雷利自行车成为高质量的代名词。然而，随着新技术的革新，市场需求的变化，到20世纪60、70年代，比自行车理想的交通工具——轿车，在一些经济发达国家逐渐普及。但是雷利公司领导没有及时顺应世界发展潮流，逐渐被淘汰，自行车的消费渐渐转入低潮。此外，在国际新技术的推动下，发达国家自行车的消费者青少年的消费偏好也发生了变化，以往16岁以下的少年购买雷利自行车的，约占英国国内自行车消费量的百分之七十。而青少年对于自行车的喜好逐渐被游戏机取代。

面临变化的市场，一些善于开拓的企业家，很快生产出符合潮流的新型款式自行车产品，使它集游玩、体育锻炼、比赛于一体，再度成为盈利丰厚的"黄金产品"，占领了大片市场。美国少年，迷恋上了这种多功能自行车，他们购买新的自行车要200~300美元，一顶头盔160美元，以及各种配套用品270美元，更换零件等需要120美元，这种连带消费给率先开发出新产品的自行车行家带来了丰厚利润。然而雷利公司却一直固守保旧，坚持自己的传统生产观念，直至1977年才投资建成成千上万的自行车比赛队。1980年，在自行车市场上大显身手，当年在法国销售达四万辆，本以为借此来重振雄风，却因北欧各国阴雨绵绵、寒冷潮湿的气候无法进入当地市场，造成了产品严重积压，公司周转资金严重不足。

后来，亚洲一些国家和地区的自行车行业的崛起和低价销售，也使雷利自行车不得不退出亚洲市场、美洲市场，最终导致自身走向衰落。

雷利公司的衰败，正是因为坚持"坚固实用"的生产经营理念，其自身不善于学习，员工也不上进，没有提升自己的学习力，最终使自己深陷泥潭，难以自拔。

3. 学习态度层面

态度决定一切。一个人，有什么样的态度，就有什么样的收获，就能开拓什么样的局面，而态度的培养、能力和素质的提高，来自于自己的自觉和勤奋。重视读书学习，应该成为我们社会的风气。要把握好认真和努力学习的态度，一以贯之地把加强学习作为一项关系公司长远发展的基本制度。

要坚持将公司当作自己的家庭，将员工当作自己的朋友。切实关心公司发展的战略，发展的目标，从态度方面自律自己。管理者要率先垂范，身体力行，根据公司战略和任务的发展变化和要求，不断开展学习。

4. 学习内容层面

作为中层管理者，其学习内容至少应该包括三个方面：一是业务知识，指生产、经营、市场、营销和战略等方面；二是文化知识，包括公司价值观和行为方式、企业文化、为人处世等等；三是政治知识，包括决策方式、不同联盟、权力来源和个人影响力等。

要丰富学习内容，这样才能开阔学习思路。这方面对于中层管理者来讲主要是第二点，因为具体的操作关键在基层，第三点知识重点是高层的学习范围。但是并不代表这两方面的知识就不需要中层学习，其实这两方面对于中层而言，同样重要，只是侧重点偏重有所差异而已。中层是半操作和管理型的职位，他们负责的主要是基层员工的工作落实和团队的组建。

5. 学习方法层面

态度和内容固然重要，但是没有正确的方法依然效果不佳。善学者，师逸而功倍；不善学，虽勤而功半。重视学习是一种境界、一种精神，而善于学习是一种能力、一种素质，是创造性地完成工作的关键。善于学习，就要站得高，登泰山而小天下；看得远，不畏浮云遮望眼；想得深，熟读精思、格物穷理；做得实，博观约取、厚积薄发。还要坚持立足自我、以实践为主，将自己的管理实践结合于学习中，做到学用相互促进。

学习是为了更好地工作，提高学习力有利于组建更具凝聚力的团队。

企业的快速发展，必须是建立在自身管理层和员工层提高自身竞争力的基础上，而团队的职业化水平的高低直接影响着公司间竞争力的强弱，团队整体职业素质是制约团队发展和业绩提升的瓶颈。要想提升团队业绩能力就要强化学习能力，这样就会增强落实力，提高工作效率。同时，工作效率越高，分解、执行、完成任务的效率就越强，团队就能够迅速地达到目标。

"火车跑得快，全凭车头带"，在团队中，管理者就是火车头，团队管理者职业化素质的高低决定了团队业绩的大小。一个公司，一个企业，一个中层管理团体，都可以看作是一个团队，他们的竞争力同样取决于管理者的职业化素质，特别是那些中层管理人员的职业化素质。而职业素质的提升就要通过学习来实现。没有完美的个人，只有完美的团队，付出了总有回报。

有这样一个故事：

在一次美国的艺术品拍卖现场，拍卖师拿出一把小提琴面对众人说："小提琴拍卖起价是1美元。"还没正式起拍，一位老人就走上台，二话没说，抄起小提琴就演奏起来。小提琴优美的音色和他高超的演奏技巧使全场人听得入了迷。

演奏完毕，老人把小提琴放回琴盒，一言不发地走下台。这时，拍卖师马上宣布小提琴的起拍价改为1000美元。正式拍卖开始后，小提琴的价格不断上扬，从2000美元到8000美元、9000美元，最后竟以10000美元的价格拍卖出去。

同一把小提琴何以会出现如此大的价格差异？很明然，是协作的力量使它实现了价值潜能。

这个故事中，小提琴拍出了好的价钱，全赖于那位老人的演奏，这是团队的力量。但是，团队成功背后的因素是什么，肯定是学习的力量。试想，这位老人没有多年的学习经历的积累和磨炼，他今天不可能演奏出这么美妙动听的乐音，同样，小提琴也不会拍出出人意料的价值。

一个人，一个公司，一个团队都是如此。只强调自己的成绩，很难取得共赢，只有借助团队的力量，才能取得更大的成功，但是前提是要加强学习，强化自身的素质。

佛教始祖释迦牟尼问他的弟子："一滴水怎样才能不干涸？"弟子们面面相觑，无法作答。释迦牟尼说："把它放到大海里去。"可见，团队的力量就是大海。

在这个过程中，中层管理者要带领员工加强学习，加强团队精神，强化团队协作。只有不断进取的学习，才能依靠团队的力量取得更大的成就。

要随时带领团队成员，学习世界变化趋势，市场新情况，以不断增强企业生产能力，善于把握人们的消费观念，使自己的产品不断更新换代，不落后于别人。通过学习，提升自己的核心竞争力，永争世界一流。

因此，要将学习作为伴随人一生的伴侣。我们每个人都要天天学习、处处学习、学知识、学做人、学新理念，只有不断地学习，才能适应日新月异的发展，才不会被时代淘汰，才能在激烈的竞争中，立于不败之地。

第十一章

落实要到位，
最终在员工

真正优秀的公司，一定是奉行企业文化的企业。没有强大的执行力，就没有持续的竞争力。其中一个关键环节就是要求企业中的基层员工去尽职尽责地完成任务。

每一名基层员工都应该坚持认真工作的原则，切切实实落实管理者指定的计划和措施。只有每个员工，特别是基层员工负起责任，才能够使公司的执行力贯彻到底。

人生可以平凡，
但是工作不能平庸

基层要执行，每一名基层员工，都要坚持认真工作的原则，切实执行管理者指定的计划和措施，在工作中做到尽职尽责。作为人可以平凡，但是决不能在工作中平庸，因为平凡中孕育伟大，但是平庸却会导致巨大的惨败。

正如汪中求所言"真正懂得平凡的人才可能不平凡"。把平凡的事情做好做对才是不平凡，一切平庸的处事方式和态度，最终招致的肯定是被公司和激烈的市场竞争所淘汰。

张瑞敏曾告诫海尔员工"把简单的事情做好就是不简单，把平凡的事情做好就是不平凡。"我国古人也早就总结出："天下难事，必作于易；天下大事，必作于细。"精辟地指出了要想成就一番事业，必须从简单的事情做起，从平凡的岗位上做起，更要从细微之处入手，认真注视好每个细节，这样才会离成功越来越近。

任何大事都是由小事汇聚而成，"合抱之木，生于毫末。九层之台，起于垒土"。世界闻名的万里长城也是一块块砖垒起来的，不做小事，不从平凡中起步，又谈何大事呢？一屋不扫，何以扫天下？不经历小事的磨炼和平凡岗位的洗礼，是不可能一步登天的。

1. 理解平凡和平庸

平庸属于老迈的人的词汇，这个世界上不应该存在平庸的年轻人，因为他们时刻都有超越平庸的时间与机会，经历和动力。使一个员工平庸的原因就藏在他本人的心态中，就像在一场田径比赛，没有人会说最后一名是平庸的，因为他在奔跑，他将自己的拼搏精神和沸腾血液书写在了跑道上，运动员的目光里始终充满拼搏的追求。相反，一个连上操场跑跑的勇气都不敢承担的人，一个以消极心态面对平凡的人，他才是真正的平庸者，才是被人们看不起的、悲哀的看客，自己带给团队的将是一无所有。好在这个世界上，绝大多数的人，都是奔跑在从现实追向理想的大路上，他们或许皓首穷经，但奔跑的过程本身就是一种难得的伟大。生命的魅力就在这奔跑之中镌刻着，享受生命，就是享受平凡。

2. 人生可以平凡

央视主持人王小丫，曾就读于四川大学经济系，毕业后分到一家经济类报社做记者，但她万万没有想到，报社领导会把她分配到通联部去抄信封。整整三个月，她都是在桌案上与信封为伴。虽然刚开始她还是想不通，但心底里还是照样好好干。随着日复一日的努力，她对待每次抄写信封的任务逐渐熟能生巧。三个月后，她写信封的速度和质量是又快又好，一个人的工作量抵得上别人的三倍。

普通大众能做的大事实在太少，多数人还是在多数情况下操作着一些具体的事、烦琐的事，虽然平淡，过于鸡毛蒜皮，但这就是工作、生活，是成就大事不可或缺的基础。每一个大公司的员工都是通过做小事来不断成为公司的顶梁柱的，小事的平凡成就他们在公司中人格和魅力的伟大。

坚持把简单的事情做好，就是不简单；坚持在平凡的岗位上把简单的事做好，就是不平凡的创举。这是公司员工正确的工作态度。只有把这些平凡的工作做好，才会博得管理者的放心和信任，然后被委以重任去处理企业中更高层次的问题。

面对每一件事情，都应抱着良好的心态去做，即使是表面上看似小事的事情，也要用做大事的心态去处理。这样，自己任务的顺利完成，才能推进整个公司目标的顺利实现，员工也才能够得到企业高层的赞扬和肯定。坚持从小事做起，从细节做起，从平凡做起，等待自己的将是意想不到的收获。

泰山不拒细壤，故能成其高；江海不择细流，故能成其深。平凡的岗位都孕育着机会，小事中不仅有小机会，还有大机会。学会从小事做起，它是成功的基本保证。

3. 工作不能平庸

人们常常惊异于作家创作的才能，爱用"才"和"灵感"去解释作家的智力。其实，作家的智慧最根本的还是来自平凡，但是，其中一个影响他们成才的条件，不是智力因素，而是勤奋。高尔基说："天才就是劳动。"海涅说："人们在那儿高谈着天气和灵感之类的东西，而我却像首饰匠打金锁链那样精心地劳动着，把一个个小环非常合适地连接起来。"大师们在自己的格言中道出了勤奋的真谛。

爱迪生一生留下如此多伟大发明的同时，还留下了一句名言"勤劳是无可替代的"。

在我国，大家都知道曾国藩，他是中国历史上很有影响力的人物，即便现在也能处处看见他的踪影，借他之名出了很多书，如曾国藩管理、曾国藩家书、曾国藩冰鉴之类的。这么一个大人物，我们或许一定会以为他天生聪颖、智慧超群？其实不然。他儿时的天赋不但不高，甚至是笨！一天他在家读书，对一篇文章重复了好多遍，因为他还没有背下来，还是在读。就在这时，他家来了一个贼，潜伏在屋檐下，希望等读书的他睡觉之后偷点东西。可是等啊等，等到小偷不耐烦了，还不见曾国藩睡觉，还是在那儿翻来覆去读那篇文章。贼大怒，跳出来说"这种水平读什么书？"然后将那文章背诵一遍，扬长而去！

贼人很是聪明，但他只能是贼，而曾先生却成为后辈钦佩的人"愚于近人，独服曾文正。"

常言道：勤能补拙是良训，一分辛苦一分才。贼的记忆好，听几遍就能背下来，且很勇敢，见主人不睡觉还敢跳出来"大怒"，教训一番后，扬长而去。但遗憾的是，他名不见经传，曾先生后来启用了一大批人才，按说这位贼人与曾先生有一面之交，大可去施展一二，可惜，他的天赋不是配以勤奋的，最后被世人遗忘。

从这个勤奋的小事例，我们可以看出，懒惰和没有用对位置的勤奋都是平庸，最终导致的就是碌碌无为。

因此，成功和勤奋是成正比的，一分耕耘一分收获。工作中一点的懒惰，累积起来就是平庸，就是失败的人生，反过来，只要你坚持平凡的岗位，配以勤奋的努力，日积月累，从少到多，奇迹就可以应运而生。

善于从平凡的岗位中寻找工作和人生的乐趣。坚持从小事中找乐，从平凡中追求，而不是看不起自己的工作岗位。事实上，带着快乐的心态去工作，工作就是快乐的。

作为普通的一名员工，担负着公司落实重任的基层任务，在大多数日子里，是在自己平凡的工作岗位上默默无闻，但是这种坚守，在"把平凡的事情做好就是不平凡，把简单的事情做好就是不简单"的激励下，最终赢得的将是公司上上下下的认可和赞扬，还有被提升的机遇。当责任感成了全体职工的生活态度时，他就会与胜任、优秀及成功同行。

不抱怨、不埋怨，用最好的心态去工作

有时候，我们也常常能听到一些员工在抱怨，在埋怨，总以为自己付出的多，收获的少。总是不将心思放在如何改进工作上，而是每天想着一些给自己制造压力的事。事实上，要想取得领导的信任、赞扬，得到同事的关心、理解，要想高效地做好自己的本职工作，每一位员工都要保持自己良好的心态去工作。

1. 故事的启迪

在一个建筑工地上，有三个工人正在工作。这时，有人走过来问他们在干什么。甲工人回答："我在砌砖头。"乙工人回答："我在盖房子。"丙工人则充满激情地说："我正在建造一座雄伟的教堂。"

三个人的回答显示了他们对工作的不同态度。甲工人显示出他是为了工作而工作；乙工人显示出他是为生活而工作；丙工人则是为理想、为事业而工作。

不同的态度决定了三个人不同的命运。若干年后，甲、乙工人依然是一个普通的建筑工人，而丙工人则成了一位著名的建筑师。

这个故事告诉我们，无论我们从事的是什么样的工作，要想获得成功，就得把它当作事业去做。一定要保持自己最好的心态去工作，只有这样才能鼓足自己的干劲，收获到意想不到的效果。

其实，在公司也一样，只有端正自己的心态，认真落实工作才能有很好的收获。把每一项工作都当成自己的事业去做，对工作怀有激情。拉夫尔·爱默生曾经讲过"激情像浆糊一样，可让你在艰难困苦的场合里紧紧地把自己黏在这里，坚持到底。它是在别人说你'不行'时，能在内心里发出'我行'的有力声音。"这句话点出了有激情对做好工作的意义。

科学实验表明，在客观条件相同的情况下，劳动质量的优劣，工作效果的高低，起决定作用的因素是工作者的心态。工作者热爱自己的工作，以积极进取的精神兢兢业业地去从事本职工作，那么他的工作就会做得很出色；反之，工作者讨厌自己的工作，以消极懈怠的态度去"撞钟"，那么他的工作就会做得非常糟糕，非常不尽如人意。

把每项工作都当成事业去做，就要对工作怀有敬畏，要有良好的心态。早在2000多年前，荀子就说过："百事之成也，必在敬之；其败也，必在慢之。"用我们今天的话来说就是，对工作怀有敬畏之心，怀有良好的心态之意，这是各项事业成功的基础；怠慢轻视自己的工作，是导致事业失败的关键。

有成功便会有失败，在企业发展过程中和员工处理问题的时候，难免会把事情搞砸了。这个时候不要害怕失败，因为失败是成功之母。其实，失败并不可怕，可怕的是员工在失败的打击下萎靡不振，从此不能再爬起来。不管是善于在工作中学习的员工，还是在发展中学习的企业，不仅要从成功的经验中总结教训，还要从失败中很好地学习和总结失败的教训。采取积极的心态，不要抱怨任何人，认认真真地面对出现在自己面前的困难和失败，认真总结，逐渐积累处理问题的经验和应对困难的办法，这样才能在以后的发展中避免类似问题的多次重复发生，才能够使自己更快地从失败中走出来，取得成功。失败是任何企业和员工在成功的道路上都会遇到的事情，作为员工要始终保持败不馁的精神状态去迎接工作中的各种挑战，从失败中汲取成功的精髓。

在困难面前，你不强大，困难就会强大，就像弹簧一样，你越强大，它就越渺小。在20世纪30年代之前，英国出厂的装牛奶的普通瓶子，既没盖子也不封口。当送奶工人把牛奶送到客户手中时，浮在上层的奶油往往被山雀与知更鸟偷喝。后来为阻止早起的鸟儿偷喝牛奶，公司用铝箔把奶瓶装起来。可在20年后，英国所有的山雀都能够轻松地把奶瓶的铝箔啄开，然而知更鸟却没有学习到这种本领，很自然也就喝不到香甜的牛奶了。

这个简单的故事，告诉我们，对待困难的两种态度，一种是不抱怨，始终保持昂扬的斗志和勇气，一种是抱怨、埋怨，不再去努力了，最终吃亏的还是自己。对于公司，可以去重新招聘新的员工，可是对于被解雇的员工去寻找新的工作就比较困难了，因为你自己已经被这么一种不良心态所困扰。

2. 用一颗平常的心态来工作

"很多时候，创业者总因为自己搞不清楚而不去创业，实际上等你搞清楚以后就更不会创业了。书读的不多没关系，就怕不在社会上读书。"这是马云勉励那些创业者的话。

随着暴利时代的结束，公司的故事似乎不再那么动人心弦，大起大落，而是趋于平常。从国家部委下海创办"万通"公司的冯仑，深有感触地说："从创办公司到管理公司，'要有家庭主妇的心态'。你每天都打扫卫生，池子里都有没洗净的碗，桌上还有没擦净的灰，有了这样的心态才能管好公司。"

做公司需要有激情，但激情不等于盲动，更不等于狂躁与不安。经营公司要踏踏实实，要科学管理，要冷静决策，要有一颗平常心，这才是良好的创业心态。不能动不动就赶超英美，向世界500强进军。

经营公司要脚踏实地，有一颗平常心，即"行胜于言，言而有信"。说到做到，脚踏实地地保持一颗平常心去做事，这样就会掷地有声，令人信服，否则大话空话假话连篇，"鼓励"再多也无济于事。

一些小公司的产品虽价钱较低，但质量一般，售后服务又跟不上顾客的需求。在吸引消费者时信誓旦旦，但产品一旦售出就变样，该负责的售后服务借故推辞，没有的项目也说有。更有甚者，有的商品还存在霸王条款，过期无货可交，也不退款等。买卖公平，文明经商，明白消费是现代消费社会的潮流。如果为了促成一桩生意，经常设立陷阱去让消费者上当受骗，是不能长久经营的，这种心态也是经营上的变态或者敛财心态，是注定不可能长久的。

目前，在商界掀起一股培育消费者满意度的风气。为赢得这块牌匾，让多少公司费尽心思。信誉是靠平时的点滴累积的，而不是为了蝇头小利，贪一时之快就能够财财源广进的。试想，失去顾客还谈何经营呢？有的公司虽设立了投诉电话，但长期无人接听，即使接到顾客的投诉也是百般推脱和搪塞，如此之心态不在少数。

真正的商家要表里如一，言行一致，诚信是企业经营之本，这样才能将生意做大做强。以一颗平常心做事，将心态放到最平常的水平，去服务客户。

脚踏实地，认真做事，拥有一颗平常心，就不再浮躁，也不会去抱怨、埋怨。一步步地落实公司战略。

因此，要做一个落实型的员工，就必须坚持自己良好的心态，工作的态度的高低之别，决定着工作效果的好坏之差。如果你在工作时，想的只是薪水，想的只是应对领导，那么，你所能做的只能是"砌砖头"，而且砖头你也不一定能砌得好；如果你不单单是为薪水而工作，还为自己的前程、为自己的团队而工作，把手中的工作当成事业来做，那么，即使你是在做砌砖头的工作，你也会做得比别人更漂亮，做得更踏实。

做事追求零缺陷，第一次就把事情做对

"金无足赤，人无完人"，"人非圣贤，孰能无过"，都是对零缺陷的一种辩护，我们决不能因为"无完人"而不去追求接近"完人"，因为"有过"就不去检讨自己的过失。仔细想想，"追求零缺陷，第一次就把事情做好"其实完全是可以的。

海尔集团冰箱本部部长助理张守江"第一次就做对是最便宜的经营之道！"联想集团高级经理李朝林"零缺陷管理非常实用、可操作，我们很看重这一点！"许继集团股份公司副总经理、继电保护协会秘书长姚致清"第一次做对的概念和符合要求的概念是中国企业的灵丹妙药，也是做好中国企业的一种很好的模式。"约翰迪尔佳联收获机公司高级经理张德喜"我们实施仅两个月就取得了惊人的成绩，所以，我们认为零缺陷管理是最快捷有效的管理方法。"

以上几位企业人士的感触展现给我们的是，企业努力的目标应该是"做事追求零缺陷，第一次就把事情做对"，即"零缺陷"管理，这也是管理学中的一个全新境界。将管理重点由事后检查转向生产过程的控制；同时，它摒弃了"人难免犯错误"这种根深蒂固的看法，主张任何缺陷都不能接受，不论缺陷大小。完美无缺，即客户的完全满意，才是企业应全力追求的标准。

"零缺陷"的发端与实践

现代管理革命已经突破了传统看法，正在追求"零缺陷"，追求"足金"，追求"完人"。"零缺陷"（Zero Defects）思想发源于美国，是质量管理大师克劳士比首创。以《质量免费》的出版作为标志，"零缺陷"理念引发了美国企业界质量狂飙突进运动，诸多企业实行"零缺陷"。我们所熟知的世界著名企业IBM、Motorola、GM等都因推行"零缺陷"而取得丰硕成果。"零缺陷"改变了美国人做人做事的方式，接着又传至日本，在日本制造业中全面推广，使日本的制造业产品质量迅速提高。

美国财富500强企业已有一大半用"零缺陷"来塑造其企业文化。"零缺陷"不仅限于企业内部产品的质量要求，对其他工作业务、供应商也提出"零缺陷"工作标准，强调预防过程管理。如今，"零缺陷"管理已成为发达国家质量管理的最高境界。

荣事达集团公司生产线上的工人每人都有一只皮带扣护套，它是为防止皮带金属扣划伤产品外观而特意设计装备的，这也是该企业推行"零缺陷"管理的一个细节。"零缺陷"管理是企业在生产过程中实行产品达标的质量保证体系。荣事达在开始推行时，曾有许多职工想不通，觉得每天在生产线上忙碌，出一两个次品在所难免，更何况"人非圣贤，孰能无过"？于是产生了一种抵触情绪。后来企业在郑州亚细亚商场举办一次促销活动，连开三箱洗衣机都因一个小划痕无法让顾客满意，尴尬的场面让全体职工幡然醒悟。于是他们终于明白，市场不相信眼泪，更不接受次品。此次活动让职工们认识到，人不可能不犯错误，但通过自身的努力是可以避免错误的。只要每个职工在自己负责的生产环节和质量控制点上尽心尽责地按生产规范、质量规范、安全规范工作，那许多缺陷就可以避免。从职工手中溜走1%不合格，到用户手中就是100%不合格。因此要自觉由被动管理到主动工作，高标准、严要求，执行好GMP、GSP，让制度规章成为每个职工的自觉行为，把事故苗头消灭在萌芽状态。

清溢精密光电（深圳）有限公司在总经理陈扬菊的带动下导入"零缺陷"管理思想。据清溢人力资源部介绍，他们结合本企业的实际，自上而下开展培训，进行"零缺陷"管理模块比赛，重新整合了组织结构，建立了关键指标考核制度，归纳出"零缺陷管理"的"十八法"。一个月后，接单量显示出强劲增势，同期增长三倍；同时，拳头产品的良品率达到99.3％，两个月后保持在100％；交货期也缩短了一半。

春兰空调公司打造的万分级管理，实现了其他企业无法达到的"零缺陷"，带动市场份额不断扩大，销量一直呈现持续走强态势，为连续9年产销量名列全国第一奠定了基础。春兰独创的《技术管理条例》、《质量手册》等一系列完整的质量标准体系与管理制度，从产品开发、生产全过程到人员素质方面都有严格标准，建立了完善的质量管理软件平台，保证了产品的质量。目前，在万分级管理体制下，春兰空调已连续13次通过国际权威机构的质量体系审核，且10多年始终保持99.99％的开箱合格率。

1984年，张瑞敏走马上任海尔冰箱厂长时，他一上任，就颁布了13条规定，从禁止随地大小便开始，揭开了海尔的现代管理之路。1985年的一天，一位客户来到海尔，说是要买一冰箱，结果这位客户挑选了很多冰箱都有毛病，最后勉强拉走了一台。待客户走后，张瑞敏让员工把库房里的400多台冰箱全部检查了一遍，发现其中有76台存在各种缺陷。于是张瑞敏把职工们叫到车间，问大家现在怎么办？大多数人提出，既然不影响使用，便宜点儿处理给职工算了。当时一台冰箱的价格是800多元，相当于一名职工的两年收入总和。张瑞敏对职工们说："如果我允许你们把这76台冰箱卖了，就等于允许你们明天再生产760台这样的冰箱。"所以张瑞敏当场宣布：这些冰箱要全部砸掉，谁干的谁来砸。说着就抢起大锤亲手砸了第一锤！砸冰箱时，许多职工都留下了眼泪。随后，他又发动并主办了一个又一个讨论"如何从我做起，提高产品质量"的会议，并制定了许多质量管理制度，三年后，海尔集团捧回了我国冰箱行业的第一块国家质量金奖。

知名公司的"零缺陷""第一次就把事情做对"的实践，给所有企业提供了一个样板，在落实过程中要切实抓好这一项质量监控制度。

启示

号称世界质量管理大师的克劳士比曾说过："只要我们对不应该有的错误制定了一个可接受的水平，它就永远存在；可是，一旦不被接受时，就会自然消失。"所以，追求第一次就把事情做对，实际上就是在贯彻"零缺陷"的工作准则，即"第一次就把正确的事情做正确，而且次次正确"。

第一次把事情做好做对，就是员工在自己的工作，第一次就要做到符合标准。落实过程中，最没效率和倒胃口的就是一件事没有做好被推倒重来。但是尽管如此，可是现实中还是有很多这种现象。每个人一生中都难免犯一些错误，这些错误，有大的有小的，有要紧的又不要紧的。但是一旦累积起来就会给公司造成不可估量的损失。

第一次就把事情做对，不是简单地量化工作标准，而是改变每个员工的工作思想和方法。第一次就把事情做对，是一个人做人做事的准则，也是一个人实现事业成功和人生完美幸福的法则。第一次就把事情做对，还是公司对员工的期待，它时刻提醒员工，要尽最大的努力，把经手的每一件事情都要做好做对。第一次就把事情做对，是要求员工具备扎实的职业技术基础，是要求员工第一次就对工作有十分的把握。第一次把事情做对，就是要求员工严把产品质量要求，实现第一次就达标的追求和责任。第一次就把事情做对，不仅可以有效减少错误工作带来的损失，还可有效避免不必要的时间浪费，提高工作效率，保证工作落到实处。

众所周知，质量是企业的生命，是影响企业竞争力的重要因素。任何公司的创立都是想长久地持续生存下去。是认认真真、不折不扣做事，还是马虎大意、存在侥幸心理，实际上就是看我们用什么工作态度看事情和做事情的问题。上述案例中，诸多企业都是在遇到问题时，才意识到"零缺陷"管理的价值。但是在进行实践之前已经由于曾经的过失使企业蒙受了巨大的损失。因此，启示我们做任何工作，哪怕是公司里最不起眼的工作，都必须严格按工作单、手册、程序标准进行，高标准、严要求，才会在潜意识里造就"第一次就把事情做对"的观念。

卡耐基说过："任何人都无法改变自己留给他人的第一印象，因为你的第一印象永远留在人家的心中。"第一次实在太重要了，一旦出现差错，就很难改变其带来的现实，因为这将造成自己在今后这项工作中难以抹去的刻板印象，即使能消除其带来的危害，也需要付出很多的代价去达成。

认为一个步骤的省略、一个签名环节的疏漏，造成的后果可以忽略不计，其实是严重错误的，在很多时候，人们的怠慢、看着办、模棱两可和差不多的侥幸都是酿成事故的祸端，那种认为即使没有第一次把事情做好，只要在后续的检查中把问题找出来补救就好。但是，许多鲜活的例子告诉我们，有些错误是可以弥补的，但有些错误是永远也无法弥补的，即使可以弥补，也会造成巨大的人力、物力、财力损失。第一次没有做对，那么很有可能就永远没有下一次了。因此，启示我们只有矫正事后补救、得过且过的不良工作作风，培养积极的、预防为主的工作落实心态，才能使我们的企业在竞争中立于不败之地。

"第一次就把事情做对"是全体员工应有的持之以恒的态度和必须养成的良好习惯。第一次就把事情做对，需要员工有良好的职业素质和扎实的工作技能，对每一个"第一次"从事的工作，都要有充分的准备和把握，这也是我们创造优秀业绩的重要前提。启示我们必须掌握正确的工作思路与方法，遵循正确做事原则，在实践中不断总结、提高，通过第一次把事情做对，达到组织管理"建立预防体系，实现无火可救"的最高境界。

当我们忙碌工作的时候，希望我们创造的是价值，而不是在那里忙着改错。一定要在做工作时把"追求零缺陷、第一次就把工作做对"多念几次，将其落实在自己的观念中，落实在自己行为准则的贯彻执行上。一件事情是有意义的，而且自己也具备把事情做好的条件，那为什么不第一次就将其做对呢？

所以，对每个员工来说，要保证工作落实到位，就要用高标准、严要求来限制自己，在做事过程中，做到第一次就把事情做对。这就要求我们从自身做起，从平凡的岗位做起，严格要求自己，养成自检、互检，关注细节，追求高质量、高标准、高要求的行为意识和工作习惯，树立精益求精、追求卓越的工作精神，为公司的发展壮大尽自己的绵薄之力。

今日事、今日毕，
日事日清高效率

　　将今日事今日毕，日事日清的工作习惯和理念牢牢地镌刻在脑海里，就不会让事情积累起来，并且可以更好地保证各项工作落实到位。

　　1. 做事的"祖训"

　　也许大家还都记得那首《今日歌》"今日复今日，今日何其少，今日又不为，此事何时了？人生百年几今日，今日不为真可惜，若言姑待明朝至，明朝又有明朝事。为君聊赋《今日诗》，努力请从今日始。"这首诗歌历来告诉我们：一定要珍惜今天，把今天的事情在今天有限的时间内完成。

　　今日事今日毕，是我们做好工作的前提，也是我们提高工作效率，保证工作落实到位的关键途径和方法。用这样的观念教育员工和自己，一定要将今天的事情在今天完成，否则，一天天地拖就会堆积成高山，最后受罪的还是自己。做事要干脆利索，拖拖拉拉是不好的习惯，拖拉就是将今天的担子转给明天，这样明天就会不堪重负，就会使自己变成一个不负责任的人。要做一个高效率的员工，必须做到今日事今日毕，拖拉只会使自己的形象越变越差。

　　2. 爱迪生的做事效率

　　记得美国曾有一本杂志就公民对时间的运用做过一个调查，该调查访问了15家公司的20个主管，调查发现，这些主管平均一天要花掉5个小时在谈话上。结论是，这些主管们其实有充足的时间来完成他们的任务并达到自己所负责的任务目标，只是他们不善于将时间合理利用而已。

　　具备今日事今日毕态度的人，无一不是充分利用时间工作的。爱迪生曾讲："浪费，最大的浪费莫过于时间。"

爱迪生在结婚那天，刚举行完婚礼，他突然想出一个主意，是解决当时还没试验成功的一个问题症结的点子，于是，他便悄无声息地对新娘说："亲爱的，我有一件非常重要的事需要到实验室一下，过会儿准时回来陪你吃饭。"新娘一听，心里非常不高兴，但又无奈，她勉强地接受了。不料，爱迪生这一去，到晚上也不见踪影。直到半夜时分，有人去找，见实验室点着灯，隐隐约约有人影晃动，进去一看，爱迪生在那儿聚精会神地干活儿。找他的人不禁脱口而出"哎呀，新郎先生，原来躲在这儿，你让我找得好辛苦啊！"此时，爱迪生这才大梦初醒，忙问："什么时候了？已经12点啦！"爱迪生大吃一惊，急忙往楼下跑去。

爱迪生终年85岁，仅在美国国家专利局登记过的就有1328项科学发明，平均每15天一项。曾经有人问他"是否愿意为科学休假十年？"他回答说："科学是永无一日休息的，在已过的亿万年间，它每分钟都在工作，并且还要如此继续工作下去。"

金钱的得失可以忽略，但是时间的逝去将是永无法弥补的。因此，从珍惜时间的角度也要将当天的事情当天完成。

人的生命仅有一次，这仅有的生命应当怎样度过呢？不因碌碌无为而悔恨，不因碌碌无为而荒废……时间的汇聚，凝结成人生，今天溜走，就意味着人生缩短，试想：是充实度过好呢，还是虚度好呢？珍惜今天的一分一秒，不让时光从手边悄悄溜走。要像爱迪生那样充分地利用每一天。

3. 老农的启发

在一位老农的农田里，很多年以来一直横卧着一块大石头。这块大石头碰断了老农的好几把锄头和犁头，而且还弄坏了他的农耕机具。对此，老农无可奈何，巨石成了他种地的心结。

一天，在又一把犁头被碰断后，想起巨石给他带来了巨大损失和无尽麻烦，老农终于下决心要除掉这块石头了。于是，他找来了撬棍伸进石头底下，却惊奇地发现，石头埋在地里并没有想象的那么厚、那么深，稍微使劲就可以把石头撬起来，再用大锤打碎，清出地里。于是，老农后悔当初没有把石头清出去，毁了自己的好多犁头和锄头，可是，过去的终究已过去，损失无法挽回，才开始悔悟自己当初不把它清除掉。

这个故事告诉我们要把问题解决在当时，才会避免更多的损失。可见，日清日高，是工作的最高原则。每天对自己都是一个完整的今天。要好好把握每一个完整的今天，从而砌成扎实的人生。

4. 海尔"日清日毕"的故事

海尔原本是一家面临淘汰的家电工厂，亏损金额高达147万人民币元，但是今天这只昔日的丑小鸭何以成为白天鹅，其全年营业额已突破1000亿人民币元，品牌价值名列全国第一。

这一切源于张瑞敏从1989年在海尔实施的"日事日毕，日事日清，日清日高"的制度，其特点是：全方位地针对每个人每天的每件事情进行控制和清理，要求每天的工作必须每天完成，而且每天的工作品质都要有一点儿提高。具体地说有两点：第一，事不过夜，宁可人等事，也不让事等人；第二，今天的工作必须今天完成，今天完成的事情必须比昨天有质的提高，明天的目标必须比今天更高才行。讲的就是重视提高每一天的工作效率，这样才能充实生活，才能将工作做得有条不紊。

无论任何行业，能够做到这一项要求，才能有更好的工作效率。在每日的工作执行过程中，海尔全体员工都会进行每日自我检查，而负责管理的部门也会定期及不定期地进行重复检查，"个人日清"要求员工对自己的工作进行清查，"组织日清"则是一种督促制度，它是公司负责部门来落实，这两项制度交错进行，形成了海尔"日清日高"风格的网络式管理。当工作有异常时，这项机制就会运作，海尔还要求员工在当天分析清楚原因和责任，及时采取适当的措施，杜绝疏漏造成的工作差错，并且避免问题的持续累积，以确保公司战略的彻底贯彻与落实。

为做好这项制度的落实与管理，海尔设计了日清专栏、3E卡以及现场日清表三种书面材料，以达到有效监控和落实。日清专栏，是每天针对每个生产作业现场进行巡回检查，职能巡检人员每2小时进行一次登记和排查，检查内容包括品质、设备、原料、纪律等项目，巡检人员在了解现状后，会将所见所闻填入表格，并提出改进意见。3E卡时Everyone，Everything，Everyday，这种表格是由员工自己填写，检查所生产的产品质量、数量、品质、消耗、技术规程、安全、文明生产及劳动纪律等七个方面。现场日清表，由各级经理人在下班时进行填写，针对日常管理的基本状况进行分析，借以找出发生问题的原因，决定对策及负责人，提高目标管理的可控范围。

记得曾有经济学家感慨道：想要偷学海尔的制度不难，难在持之以恒。谁能日复一日、月复一月、年复一年不断地重复每日规划、每日执行、每日检查，谁就能实现公司的未来美好愿景和战略目标。

人的一生由昨天、今天、明天组成。昨天的事，我们已无法改变，明天的事我们无法预知，只有今天的事是我们可以好好把握的。一定要充分认识今天的价值，抓住一生中最关键的时刻。相反，不重视时间利用的就会后悔终生。

每天都在成长，每天都在进步，这样才能使员工有朝气，使公司有前途、有希望，这样才能比对手更有竞争力，发展更壮大。许多人不愿做小公司，总想着把公司做大，殊不知，市场竞争比拼的是实力，工作中的事情不到位，各种问题就会日积月累，势必出现"千里之堤，毁于蚁穴"的惨境。

总之，要养成珍惜时间的好习惯、好观念，将其铭刻于自己心中，时刻做到"今日事、今日毕，日事日清高效率"，懒惰就会离我们而去，老板的夸奖就会迎面而来。

善合作、多沟通，
发现问题早理清

人是社会的动物，最重要的一个特点就是要沟通，要合作。大千世界，许多任务已经不是我们靠一个人的力量可以完成的了，必须与同事合作。

良好的沟通对于员工来说，是工作中必须具备的。也是现代企业中，员工之间不可缺少的交流方式。员工对于各项工作的落实需要相互合作，这就要沟通，每一个员工都需要积极沟通，更重要的是，要经常同自己的老板和上级进行沟通，表达自己的想法，以保证工作的落实。

任何人在工作中都难免遇到困难，当然首先要自己解决，倘若自己能力有限，这就要向其他同事求助，从而需要进行沟通。并且在沟通过程中，发现问题要早厘清。

美国加州大学的一项研究表明，组织内部存在沟通的位差效应。即领导层的信息一般只有20%~25%被下级知道并正确理解，从下至上反馈的信息更是不超过10%，而平行交流的效率则是90%以上。沟通不畅、宣泄无门，久而久之就会阻碍组织的有效运行，成为组织的百病之源，并且会积聚成公司落实力的最大阻碍之一。

沟通是每位员工的一项最基本的，也是最重要的工作，必须具备善于沟通的能力。与领导的沟通经常被人忽略，但却是非常重要的。调查表明，95%以上的员工都非常希望上司能主动与自己沟通。这样有一种被重视、被信任的感觉，对激发员工的工作热情、创造性和责任感都会产生积极的影响。但是，大多数员工没有勇气去与领导沟通。

李四大学毕业后，到一家公司的财务处工作，负责财务管理，结果因为该处领导不喜欢她，于是就将其调到客服部。结果李四性格内向，不善于沟通，既不主动与上司交流，也不向师傅请教，只顾自己闷着，在很多时候，她是在按自己的想法行事，我行我素。结果离公司的目标越走越远，最后她就被解雇了。

可见，不善沟通，存在的问题就难以解决，最后会砸掉自己的饭碗。

据统计，工作中50%以上的工作不愉快是由于沟通不畅造成。不善沟通的员工，永远不会被老板重视，更不会得到提升，也就难以调动自己的工作积极性。在这样的环境中，信奉"沉默是金"的信条，只会慢性自杀，工作效率也是很难提升上去的，充其量只能是维持现状。因此，要把工作落实到位，就要善于沟通，善于交流，尽早解决工作中的问题。

小飞是一家大型公司的职员，经理准备在她和另外一名职员中做出选择，提升一名经理助理。而另一名职员被提升的可能性更大。

一天，小飞休息，她随朋友一起去经理家做客，顺便与经理交流一下工作中的问题。

刚进门，小飞就看见一个小男孩在房间地板上玩积木。于是，她主动来到小男孩身旁，蹲下去一起玩了起来。不一会儿，一幢奇特的"建筑"成型了，小孩子手舞足蹈。大家也都欢快了。

这时，小飞，坐下来，赞扬经理的儿子。经理特别开心，对小飞有了好感，接着还聊了一些工作上的事，他们谈得非常投机，经理通过这次聊天，发现小飞工作经验很丰富，能力也不错，并且还是个心细的女孩。经理说："假如这次提升的机会是你，你会怎么办？"

小飞信心百倍地说："我一定会尽力努力把工作做好，且觉得这份工作对自己也难度不大，相信会做得更好……"

最后，小飞被经理提升为经理助理了。

这个小故事告诉我们，沟通的重要性。小飞正是利用了这次沟通机会被经理发现了自己的优点。她和经理儿子的合作娱乐，为其沟通提供了话语切入的时机。可见，合作和沟通的魅力。

所以，坦诚、善于沟通的员工在公司内部是受人喜欢的，相反，成天闷闷不乐的员工终会遭人放弃。

沟通、合作的重要性可见一般。但是另一方面，同事间的沟通也会出现一些误会。这样就会损坏同事间的关系。因此，我们在沟通中要注意沟通的策略。

事实上，沟通的策略很多，有通过表情的，有书面的，最主要的还是语言。语言的清晰，语速的快慢，用词的准确，说话的语气神态等都不无关系。因此，沟通不是简单的倾听，还要完美地表达意思和情感，这就需要做到领会对方的反应。

李嘉诚曾经的秘书洪小莲曾回忆说："如果当年我的老板不是李嘉诚先生，就没有今日的我。"那时的洪小莲，当秘书久了，没什么消遣又觉得很乏味，就用午饭时间来看报娱乐、上网八卦。有一次，李嘉诚看到后，专门跟她聊了起来："看这些东西，是没有益处的。"洪小莲随便应对了几句，当时想："关你什么事，我浪费时间是我自己的事。"后来，李嘉诚有空就跟她聊天，交换一些看法。李嘉诚鼓励她利用空余时间多学知识，可以不断提升自己。洪小莲也慢慢转变了起初的抵触心理，认为李嘉诚的话不无道理，于是她开始利用业余时间进修学习。后来，她被李嘉诚重用。她也在后来的工作中，不断用这个经历与下属谈心。下属很受鼓舞。

这个简单的事例告诉我们，沟通可以解决自己内心的抵触，可以给自己带来光明的前程。

可见，我们在工作中要善于沟通与合作，发现问题及早解决，就不会给自己带来麻烦，反而会带来意想不到的成功和收获。

要以自己的实际行动落实好每一项工作，将工作中遇到的难处，通过多多地与上司和同事沟通、合作，定会收获到安心和开心。

[养成职业好习惯，
落实到位并不难]

很多知名企业之所以成功，就在于他们善于培养员工的良好职业习惯，以激发他们工作的主动性和创造性，从而强化公司的落实性。也只有员工主动地落实公司的各项决策，公司的发展目标才有希望实现。

1. 职业习惯的养成

在远大集团流传着这样一件事：

1995年某日，远大公司内，一台运料汽车在厂区里漏了油，几百名员工路过且都看见了一大摊油迹。后来总裁张跃也看到了，立刻火冒三丈，下令将这件事作为公司的典型教材，并召开全体管理人员和职工大会来谈这个问题。他认为，假如哪一天发现在远大的路面上有一摊油，或一摊泥土没人打扫，而又恰巧被正在上下班的几百名员工看见了，这将比远大一台机器发生重大质量事故还要严重！因为这会给员工留下"公司对质量要求不苛刻"的印象，于是员工在工作中就可以随便一点，有意无意地可能就会犯一点错。试想，一千多个工人当中，七八百个工人都犯一点点错，这对企业的发展乃至生存意味着什么？一旦关键时刻出这样的问题，出现灾难的是整个公司。所以必须严肃对待，必须制定严格的处理制度。对这件事，远大人至今仍印象深刻，之后像这样类似的事情在远大就再也没有发生过。

从这件小事中，总裁张跃认为，企业管理除了要靠制度外，还必须讲究"自觉性"，并将其成为全体员工的职业习惯。因为每位员工在其工作环境中，无时无刻不受其影响。因此他要求员工确保产品质量，光靠文件、图纸、质检员等是做不到的，还要注重培养职工的习惯养成。只有当员工看到偌大的厂区内每根草都是整齐的，每条路都没有一点儿脏物，车间每块地板都没有灰尘，生产、办公、生活设施见不到半点缺损、破旧时，员工们就会下意识地觉得必须认真对待手头的每一件事，决不能含糊。

为了培养员工自觉性行为职业习惯的养成，远大又在企业内部开始搞互信建设。张跃表示："讲互信就必须对很多与互信相冲突的文件进行重新思考。比如：现在办一件事动不动就这个签字那个签字。能不能用一种简洁的手续完成大量的经济活动？能否做到几百万甚至上千万的付款都不用老板签字？我们要围绕互信去检查以往所有的制度，改掉不互信的那些规定。搞那么多人签字有什么必要呢？它带来的是互相猜疑，甚至是不负责任，因为大家都签了字嘛。所以以往的各种表格、各种文件要全面改，要将互信精神体现在各项制度中，走上人本的制度文明，纪律文化。"

他的这种互信建设，事实上就是在公司内部号召员工养成受大家信任的执业行为习惯。只有让每位员工都从内心完全接受这些制度性习惯，公司的发展才会长远，公司的各项决策才会被扎扎实实地落到实处。

只有当公司的各项制度和要求都成为每位员工的良好职业习惯，公司的执行力、落实力才会真正地贯彻到实处，才会将文本制度真正地转化为公司的失效，到那时"落实"对于公司而言就不再是困难和担心，而是业已成为注入职工内心的职业习惯。

2. 将"落实"注入职业习惯之中

一个人如果没有强烈的"落实"观念，不能时刻想到落实，不能时刻注意到落实，那么，在工作中，他就会忽视落实。于是，出现的就会是唱高调，不管实效；见到风险躲着走，见到矛盾绕着走，见到困难往回走；就会喊得凶、抓得松。落实，俨然也就成了一句空话。制度在确定之后关键在于抓落实，要在工作实践中树立起落实的职业习惯。

在我们的工作环境中，不管处于何种岗位，工作的本质都是服务。只有注重习惯的养成，才能在实际工作中自觉、主动地去努力工作。因此，我们必须树立正确的职业观，以积极的姿态开展工作，主动落实各项工作措施，不断发挥自己的聪明才智，让公司在"落实"习惯的力量下不断发展壮大。

其实，任何一项工作都是抓落实的结果。江泽民曾说"不要在层层表态、层层开会、层层造声势上做文章，而要在层层抓落实、层层抓解决问题上下功夫！"没有落实，再完善的制度也只能是一纸空文，再宏伟的目标也不会实现，再正确的决策也不会发挥其应有的价值。

要将落实当作一种习惯注入自己的血液中，常驻于自己的头脑中。因为抓落实是我们各司职守、达致工作目标的必经程序，是一个有效的执行过程。无论从事何种工作，都应全身心地热爱、全身心地投入，保持高度负责、尽心竭力的精神。美国著名思想家巴士卡雅说过："你在什么位置，就应该热爱这个位置，因为这里就是你发展的起点。"的确，我们只有在起点上开始培养自己落实的习惯，才能具备冲刺的条件，正如我们刚刚学走路一样，只有习惯地走稳每一步，才能走得越来越稳。

19世纪心理学家威廉·詹姆斯（William James）如此写道：习惯就像一只巨大的飞轮……正是它，使那些从事最艰苦、最乏味职业的人们没有抛弃自己的工作；也正是它，注定了我们每一个人都只能在自己所接受的教育和最初选择的范畴内与生活展开搏斗，并为那些自己虽然并不认同，但却别无他选的某种追求而付出最大的努力……

可见，一旦注重"落实"和执行"落实"的习惯养成，做任何事情都将不再是难处。

第十二章

落实能否到位，
结果说明一切

为何无数人的都拥有卓越的智慧，但只有少数人获得了成功，为何无数的公司都拥有伟大战略，却只有少数公司持续发展？为何世界级的产品，大多出自日本与德国这样"认真第一，聪明第二"的国家？为何像我们这样聪明人居多的国家，产品质量却始终是我们摆脱不了的一个痛？

做大做强是任何一个企业追求的目标和结果，而这个结果的获得和目标的实现，只能由各级员工是否将自身的本职工作落实到位来决定。公司的生存要靠各级员工的努力，所以，要造就一个强大的公司，就必须打造尽职尽责追求结果的员工。只有做到落实到位，才称得上是最好的执行者。

没有问题
就是最大的问题

发现问题，然后解决问题，本是工作常理，可是我们还会常听到另一种声音——"没问题"。如果真"没问题"的话，那倒是好事，说明员工执行力强。可往往事与愿违，恰恰在"没问题"中蕴含着"最大的问题"。

古今中外，任何优秀的企业都是在不断的发现问题、解决问题的循环中前行的。因为在企业的成长发展过程中，问题是始终存在的，并且是客观的，它不会因为公司的不同而不存在。做每一项工作时，都会有很多问题不断地涌现出来，之所以没有发现问题，是因为员工、领导在工作中落实不到位，既然发现不了问题，就更谈不上解决了，这种原因时没人去研究，更没人用心去发掘导致问题存在的深层因素。

对于一个管理者，企业发展在很大程度上取决于自身经营水平。若一家企业的管理者安于现状，缺乏创新能力，就不能够发现和挖掘工作和管理中存在的问题，而且问题又不会自己去解决，只能越积越多，导致最后的全面爆发，这样就造成了巨大的损失。因此，只有充分发挥管理者的预见性——积极地去寻找问题，发现潜在的问题，才能使问题不被扩大。在此基础上，努力将其消灭在萌芽状态。

戴尔作为世界500强之一，创立于1984年。创始人迈克尔·戴尔是本行业任职时间最长的首席执行官。他在自己的管理实践中形成了一套独特的管理理念——戴尔直销。通过提倡面对面的直接向个别顾客销售的方式提供服务，这样的服务方式使戴尔公司以最有效的方式了解并满足顾客所需。这种彻底的直接营销模式使戴尔在短短几个月内收入就达到217亿美元，使戴尔成为世界上最大的电脑直销商和最大的制造商之一。

日照华泰集团公司的一名干部结合自己的实际工作，对这句话有着切身的体验。他讲到：我们经常进行安全检查，当查到一些安全隐患时，不断有些人说"没问题，没问题，我们多少年都是这样过来的"。事实上，没问题就是最大的问题。

有问题与没问题是对立统一的，两者在一定条件下相互转化。许多问题都是由当时的"没问题"积累到一定程度而形成的。在生产经营中，总有一些单位和个人在抓安全工作时抱有盲目乐观的情绪和侥幸心理，认为本单位形势好，不会出问题，有点小问题也惹不出大祸端。对存在的一些薄弱环节、安全隐患、事故苗头不以为然，疏于防范。结果，"生于忧患，死于安乐"，麻痹大意往往是事故的根源。

特别是对于华泰这样的大型公司，更要树立"安全第一、预防为主"、"安全无小事"的观念，这些原则和要求，教育之经常，要求之严肃，可以说是从事生产工作的人，不知此话的人恐怕不多、不知此理的人恐怕更少。然而，仅仅把原则和要求作为点缀和装饰，把大道理挂在嘴边而不付诸实际行动，甚至说的与做的背道而驰，这样的人恐怕并不在少数。有的大会小会开了不少，检查评比搞了不少，但效果就是不好。就像蜻蜓点水，虎头蛇尾，过后"涛声依旧"。有些工作看似落实了，实则不到位、不到边，为问题的发生埋下了隐患。

因此，我们要注重培养员工善于从细微之处抓好安全工作的能力，提倡严而又严、细而又细的工作作风，及时发现每一个很小的征兆、轻微的苗头和不起眼的隐患，及时发现事故苗头，把问题解决在萌芽状态，把事故消灭在"未发之萌"。

但如今，我们依旧可以听到，一些企业的干部、职工到上级开会汇报工作时，常汇报说"没问题"从而轻松搪塞过关。当领导下基层检查工作时，也常会听到一些干部职工拍着胸脯说"我们这儿没问题"，那么果真是没问题么？事实上，只要你稍稍深入调查就能发现诸多问题。形成这种结果的原因往往是由于有些干部对现实中的问题麻木不仁、包藏窝火、熟视无睹、不愿透露、讳莫如深，为了不影响自己的"业绩""升迁"等，使问题"潜伏"下来，成就了汇报中一句接一句的"没问题"，这不得不引起公司人的深思和深究。每当你听到这样的汇报时，就要提高警惕。

"没问题"就是最大的问题，发现不了问题更是最大的问题。"没问题"中的第一种情况是缺乏发现问题的能力和眼光。俗话说，发现问题是能力，解决问题是水平。有的基层干部和员工之所以说没问题，主要是由于能力水平所限，看不到已经存在或潜在的问题，所以也就认为没问题了。他们遇事不问为什么，被事物的表象所迷惑，查找问题停留在浅层次上，因此也就看不到深层问题，这样的员工和干部要慎用。

第二种情况是心里不装着问题。他们只会循规蹈矩地完成上级安排的任务，缺乏创新性主动性，养成了凡事不深究，不用脑子想一想的习惯，一天到晚忙于应付重复性、事务性工作，不能静下心来认真地思考问题、发现问题、解决问题，所以，他们眼里也就没问题。

第三种情况是故意掩饰问题。他们不是看不到工作中存在的问题，而是对存在的问题不敢面对或没有勇气承认，往往以"没问题"蒙混过关，欺骗领导，或是心照不宣，怕"家丑"外扬，影响先进荣誉、先进个人评比和绩效考核等，于是向上级汇报工作时只讲成绩，不讲问题，致使工作中许多存在的问题得不到及时、有效的解决。

由此可见，"没问题"就是最大的问题。发现不了问题，对问题视而不见，表明认识问题的能力水平上"有问题"；心里不想问题，工作创新上不作为，表明履行岗位职责能力上"有问题"；故意遮掩问题，文过饰非，表明思想意识上有问题。如果员工和中层干部以这样的态度参加工作，公司的战略就只能大打折扣，很难得到落实，公司业绩也就只能是暂时的，不会是永恒的。因此，在实际工作中，为了提高干部、员工的落实力、执行力，必须及时正视问题，直面问题，消灭"藏问题"、"捂问题"、"隐瞒问题"的现象，积极鼓励职工、干部，通过不断的发现问题、分析问题、研究问题、解决问题，来推动各项工作不断推向前进。这样，才能培育公司强大的执行力和落实力，才能为公司的大跨越发展注入落实的动力。

没有问题就是不会发现问题，更谈不上去解决问题，这绝对是公司发展的绊脚石。不善于发现问题，就会止步不前，永远停留在一个阶段里！

用成绩说话，
用数据说话

不知曾几何时，世界500强成为国内企业公司的一种重要目标和使命，那么我们与世界500强的差距到底有多少？我们是否知道他们的成功秘诀是什么，他们赖以生存与发展的关键驱动是什么？

IBM、MICROSOFT、GE等之所以是世界500强，专家总结了他们的一些特点，其中关键一条就是"用成绩说话，用数据说话"，以此来体现他们的执行力、落实力。

他们都注重事实和数据，坚持用数据和成绩说话。数据与事实是他们的法宝，这是他们一个非常重要的共性，凡事都要讲究证据，而成绩和数据是其中最为关键的证据，以客观事实说话，以客观依据决策，也以客观成绩来论证。一方面他们拥有一套收集和汇总事实数据的方法，收集是第一步的，也是最基本的，尤其在月度和年度，表现得特别突出；另一方面是他们拥有一套可以分析这些数据和事实的方法，这些东西是企业自身的，是任何企业所做不到模仿的。他们始终将成绩和数据作为体现他们落实力的唯一依据。

1. 戴尔是如何用数据阐述其落实能力的

2011年4月7日在北京举行的2011戴尔中国技术论坛上，戴尔公司向市场、广大客户和合作伙伴展示了戴尔在IT前沿领域的产品和技术，以及在转型发展过程中所取得的丰硕成果，以此来展示戴尔员工的落实力、执行力。

10亿   本财年，戴尔为加大公司在全新技术解决方案和服务领域的投资，帮助客户迎合虚拟时代的需求，不断创新，推动业务成效，将投入10亿美元用于提供领先的解决方案、服务和基于云的交付方案，帮助客户充分利用全新计算和信息交付改进的优势。在之后的24个月，戴尔将建立多个下一代数据中心，更好地去利用我们刚才所描述的技术，以及戴尔所有其他技术，将它们全部提供给我们位于全球的客户，以及服务的形式向客户提供。

1000亿　戴尔在中国拥有地区总部、全球采购中心，多家制造工厂、企业服务中心、国际服务中心，同时在中国现在也拥有7千名员工，在植根中国的发展战略指引下，在未来十年戴尔在中国的总投入超过1000亿美元，将深深融入到与中国的发展之中。

2.4亿　戴尔自身的成长离不开与环境的自然融合，绿色可持续的发展非常重要。戴尔全世界第一个承诺免费提供电脑回收服务的电脑公司，同时已经回收2.4亿吨的电脑设备。

70%　虚拟化可以极大地去加快新的应用和提升应用速度。其中一个客户胜利油田，成功通过虚拟化将其服务器基础设施削减了70%，采取了这种物理加上虚拟的服务器的方式。极大的提升了对于资源的利用，同时满足了其降低能耗的要求。

9笔　过去15个月中，戴尔进行了9笔收购。秉承对客户的承诺，无论何时都要为客户提供品类中最佳技术，并辅之以自己所开发的技术，二者结合向客户提供集成的基础方案。其中最大一笔收入是收购了佩罗系统公司，在这次收购完成后，戴尔现在拥有总共80亿咨询服务的业务，并且拥有4万1千名提供这些服务的专业人士为戴尔工作。

2/3　全球2/3的企业，其中虚拟化的程度小于50%，但问题是，企业内部的虚拟化程度到了何种水平？这中间就会引进戴尔发布的Vostro。Vostro是一个整合的、预先设置的、预先测试的，包括部署服务的这样一个一体化解决方案，是面向虚拟化的解决方案，包括虚拟操作系统及管理服务在里面。

在虚拟化时代，90%的数据是非结构性数据，其中所有数据中，70%是对我们来讲不常使用的数据。所以，如何在信息爆炸、数据爆炸的时代，提供最好的解决方案来为在座的客户服务，是要坚定不移地贯彻落实力的。戴尔有勇气提出这么大的想法，投入这么多的资本，都是建立在其高效的执行力和落实情况上的。试想，公司员工没有强劲的落实观念，投入这么大的能量，最后收到的效果会如何？所以，一个公司的落实能力如何，能否将公司目标转化为自身员工的落实水平和执行力，从其所提供的数据即可看出。

2. 四川蓝光和骏实业有限公司用成绩说话

2010年对于蓝光和骏实业有限公司来讲是充满挑战的一年。国家宏观调控持续加码，整个市场观望气氛浓厚，如此困难的市场环境，一个企业能不能经受住考验，关键看其真正的实力和员工的执行力。2010年，蓝光公司顺利地从以规模导向转变为利润导向，从简单追求销售规模到追求股东利益最大化，实现从传统地产到价值地产的转变，在全国地产市场上，蓝光拥有了自己新的坐标。

且看蓝光取得的成绩。价值地产方面，值得一提的是观岭国际与蓝光文旅峨秀湖国际度假区两大项目。观岭国际以4200亩的磅礴气势震撼全四川，经过两年积累，18洞国际锦标赛级高尔夫球场业已成为成都高尔夫球场的坐标；金苹果幼儿园、川师附小等高端教育体系陆续完成签约；威尼斯广场商业配套体系全面落成；悦庭超五星级度假酒店也即将开业……一个集合高端别墅、休闲度假、商务运动的未来之城正在诞生！蓝光文旅峨秀湖国际度假区旅游度假产业项目，一登场就改变了传统旅游度假模式，它不仅将旅游度假文化与世界级旅游资源完美结合，更拉动了峨眉山区域乃至全四川旅游经济的发展。翻开峨秀湖国际休闲度假旅游区的规划蓝图，可以看到"未来的峨秀湖国际休闲度假旅游区将包含五大核心产业功能规划：国际运动休闲公园、超五星级度假酒店、文化演艺集群、梦幻东方影视主题公园、温泉养生集群。在充满传奇的峨眉山，一个同样充满传奇的国际度假区，即将横空出世，一改峨眉山旅游格局。

品牌建设与客户满意度方面，蓝光数据也刷新了自身的历史纪录。2010年，权威机构全面评测蓝光品牌得出的结论：蓝光地产品牌价值——20.08亿。这就是蓝光地产的品牌影响力，这就是拥有行业话语权的筹码。此外，连续三年上万户集中顺利交房、创新推出人居工程C10体系，以及连年创新高的客户满意度，都是蓝光在2010年取得的成绩。

蓝光取得如此骄人的成绩，其关键在于落实。将宏伟的蓝图规划通过全体员工实实在在的落实，才能转化为现实的成绩，才能吸引更多的人来蓝光消费。

蓝光将2010年作为自己"全国化战略"的破局之年，北京云鼎的问世，实现了继成都、重庆、昆明区域之后，在华北区域的布局，"四川蓝光"开始向"中国蓝光"转变。2010年是蓝光地产极具战略意义的"高端元年"，公馆1881、成都云鼎、北京云鼎、观岭国际社区、SOFA音乐社区、峨秀湖国际度假区，六大项目集中发力，公司两大商业模式成功落地，价值地产战略全面铺开。这也意味着蓝光将更加重视落实来创造更新的成绩。

落实是否到位，落实是否有效，都有其实实在在的评判依据。坚持用数据说话，用成绩说话这将是并且继续是衡量一个企业、公司落实力和执行力的标尺之一。

用数据和成绩说话是最有说服力的，是最能动员员工奋发图强的依据，将其作为员工看得见、摸得着的评价标准来推动企业的日常管理，可以有效地提高工作效率，很好地凝聚员工。

3. 建立用成绩、用数据说话的制度

在企业日常管理中引入"数据说话、成绩说话"的制度体系，可以起到很好的监督管理作用。数据、成绩是最能衡量一个人、一个部门乃至一个公司效率的最有力依据。在任何工作当中，针对企业市场开拓、内容管理都是行之有效的手段。

"一切用数据、用成绩说话"，这也是精细化管理的基本原则之一。人不是机器，工作不是程序，期间也会出现各种意想不到的突发情形。因此，要保证工作的精细化，保证工作中各环节信息流动准确、畅通，就需要"用数据、用成绩说话"。

　　当代追求效率的社会，人们非常喜欢用数据和成绩来衡量你的工作和能力。例如，你要说明一个情况，或论证一个观点，如果多是使用一些模糊性语言，而没有加入具体确切的数据，聆听者或者考核者就会不以为然，认为你的论证或说明没有说服力。相反，如果能拿出数据或者成绩，那么谁提供的越多，就觉得谁说的话就可信、科学。

　　只有"用数据、用成绩说话"，才能更明确、更准确、更精确。用数据和成绩说话，讲求的是一种负责任的做事原则。对企业日常管理，可以责任到人，有效提高效率，保证工作质量。用数据和成绩是衡量一个人、一个部门乃至一个公司效率的最有力依据。在任何工作中，针对企业市场开拓、内容管理的工作都是行之有效的手段。尤其是在对业务部门的考核和工作监测方面，数据与成绩更有说服力。

　　我们常听到的企业月度、季度、年度销量和盈利数据及费用使用情况，更能让企业清楚了解产品在各渠道的销售信息和费用使用比例与方向。并在公司合理的发展方向上进行准确的相关调控，有效增强产品在各渠道的销售效果。

　　数据就是工作成绩的量化考核标准，是不断激励自己与团队成员更好地完成本职工作、最大限度提升企业工作效率的极佳途径。

　　以销售为例，要更好地完成销售任务，就需随时调整自己的销售手段。那么如何调整呢？这就需要做好各项指标的记录、分析工作，利用数据分析来改变自己的销售策略，为做出更好销售成绩而提供依据。如，前一阶段的意向客户主要集中在哪一群体？其信息来源主要是什么？抗拒点有哪些？这些都要把具体数据拿出来，不能仅凭经验来判断，因为经验通常会欺骗自己，只有数据才是客观和真实的。

真实、准确的数据是我们开展工作的基础和依据。只有做到客观、准确地掌握工作所涉及的数据，才能把工作落到实处。当我们学会用数据来检视和指引自己工作行为的时候，我们获得的将会更精准，行动效率也会更高。

在对业务部门考核和工作监测方面，数据、成绩更有说服力，它可以使我们有比较有鉴别地做出奖励决策，可以协助主管领导进行准确的管理调控，有效增强产品在各个渠道的生产、销售效果。有了真实的数据和成绩，就能更加清楚地发现问题，把握问题，从而有效地解决问题。有了数据就是工作成绩的量化考核标准，就能不断激励企业员工更好地完成本职工作，最大限度地提升企业工作效率，增强公司竞争力。

当然，"用数据说话"也不是绝对的。相对于我们说话不注重数据，无形多，有数少；定性多，量化少；笼统多，具体少；务虚多，实证少，现在讲究"用数据说话"是一种进步。

但同时也要避免一些唯数据论的错误。任何制度和措施都有其自身不可忽视的缺陷，只看数据也有不严谨的方面。要坚持以实事求是的态度做好落实工作。

一般而言，"数据、成绩说话制度"的实施，首先要明确工作目标，明确数据来源；其次要严格把握工作进程，拿出具有说服力的数据；再次实时对工作监管，既有企业对个人的监管，领导对员工的监管，还包括员工对企业、员工对领导的监督；最后依据数据和成绩做出有效奖惩。扎扎实实将"数据、成绩说话"落到实处。

只有功劳簿，没有苦劳册

常言道："樱桃好吃树难栽，不下苦功花不开"，它反映了劳动和收获之间的内在联系。抓落实离不开实干、苦干。但是，实干、苦干不等于瞎干、蛮干。要弘扬科学精神、讲求科学态度，来抓落实。只有付出了落实的苦劳，才能尝到"樱桃好吃"的功劳。

企业作为一种追求利润的个体，它的目标就是赢利。因此，它更是强调功劳，所谓"只有功劳簿，没有苦劳册"。或许，您还沉浸在"没有功劳还有苦劳，没有苦劳还有疲劳，没有疲劳还有牢骚"的戏说中，但现实很残酷。

1. 三个人的对比

小张、小李、小王三人既是中学同班同学，又是大学同班同学，更是同一天进入同一家公司。但他们的薪水却大不相同：小张月薪5000元、小李月薪3500元、小王月薪1500元。

一天，他们的中学老师来看望他们，得知他们三人的薪水差距后，就去问总经理："在学校，他们的成绩都差不多啊，为什么在毕业一年后会有这么大差距呢？"

总经理听完老师的话，笑着对老师说："在学校他们是学习书本知识，但在公司里，却是要行动、要结果。公司与学校的要求不同，员工表现也与学校的考试成绩不同，薪水作为衡量的标准，就自然不同呀！"

看到老师疑惑不解地皱着眉头，总经理对老师说："这样吧，我现在叫他们3个人做相同的事情，你只要看他们的表现，就可以知道答案了。"

总经理把这3个人同时找来，然后对他们说："现在请你们去调查一下停泊在港口边的船。船上毛皮的数量、价格和品质，你们都要详细地记录下来，并尽快给我答复。"

一个小时后，他们3个人都回来了。

小王先做了汇报："那个港口有一个我的旧识，我给他打了电话，他愿意帮我们的忙，明天给我结果。我为了保证明天他给我结果，我准备今晚请他吃饭，请您放心，明天一定给您结果。"

接着，小李把船上的毛皮数量、品质等详细情况给了总经理。

轮到小张的时候，他首先重复报告了毛皮数量、品质等情况，并且将船上最有价值的货品详细记录了下来。然后表明，他已向总经理助理了解到总经理的目的，是要在了解了货物的情况后与货主谈判。于是，他在回程中，又打电话向另外两家毛皮公司询问了相关货物的品质、价格等。

此时，总经理会心一笑，老师恍然大悟。

相信看到这种情况后，任何一个人都会像那位老师一样，一下子就明白，为什么他们的薪水会有这么大的差别了。

在任何一家企业，我们都可以看到这三种人，扪心自问，我们是否真的清楚——我们周围那些收入高的人，为什么他们的薪水与我们的不一样？

2. 马太效应

一个贵族要出远门。临行前，他把三个仆人召集来，根据各人才干，给他们银子去创造财富。后来这个贵族回来了，他把仆人们叫到身边，了解他们的情况。

第一个仆人说："主人，你交给我5000两银子，我已用它赚了5000两。"主人听了很高兴，赞赏说："善良的仆人，你既然在赚钱的事上对我很忠诚，又这样有才能，我要把许多事派给你管理。"

第二个仆人接着说："主人，你交给我的2000两银子，我已用它赚了2000

两。"主人也很高兴，赞赏这个仆人说："我可以把一些事交给你管理。"

第三个仆人来到主人面前，打开包得整整齐齐的手绢说："尊敬的主人，看呐，您的1000两银子还在这里。我把它埋在地里，听说您回来，我就把它挖出来了。"主人的脸色沉了下来。"你这个又恶又懒的仆人，你浪费了我的钱！"于是夺回他这1000两银子，给了那个有10000两银子的仆人，并说："凡是有的还要加给他；没有的，连他所有的也要夺过来。"

这个有1000两银子的仆人以为自己会得到主人的赞赏，因为他没有丢失主人给他的1000两银子。在他看来，虽然他没有使金钱增值，但也没有使金银丢失，就算完成主人交代的任务了。然而他的主人却并不这么认为，主人不愿让自己的仆人顺其自然，而是希望他们表现得更杰出一些。他想让他们超越平庸，其中两个仆人做到了——他们使赋予自己的东西增了值，而只有那个愚蠢的仆人得过且过。

这是著名的"马太效应"，富的，给他，让他更富有，穷的，把他有的也拿了，让他更穷。这个故事说明了：使财富增值是每名员工的天职。老板出于信任，拨一笔资金让你经营一个项目，你首先不能使公司亏本，进而必须要让自己创造出高于启动资金几十倍的财富来，如此，才算尽到了自己的职责；相反，如果你没有使资金增值，亏了本或者只是保持了原样，就会跟最后那个仆人一样，是一名"又懒又恶"、没有尽职的员工。

启示

这两个事例中的员工都很努力，都付出了苦劳，可是最后的结果却不同，甚至有很大差别。有苦劳的未必能取得功劳，苦劳的少的未必就得不到大的奖赏或重用。

作为一名员工，无论你曾经付出了多少心血、做出多大努力，不管你学历多高、工作年限多长、人品如何高尚，如果你拿不出业绩，那么老板就会觉得他付给你薪水是在浪费金钱，你的结局也就不言自明。现实就是如此。千万不要因此而责怪老板和企业寡情薄义。在市场经济条件下，公司要想获得很好的生存与发展，就必须创造价值，而公司价值的获得靠的就是员工的业绩。一名为公司着想的员工，应千方百计地想着如何为公司创造价值。

"没有功劳也有苦劳"的"鼓励"已经成为过去。在没有功劳的时候，强调苦劳是毫无意义的。苦劳只是一个循序渐进的过程，而功劳才是业绩的最终表现。衡量一个人能力的大小主要是看结果，以结果论成败，以结果论英雄，是市场经济条件下，再正常不过的道理。即使你付出再多，如果没有业绩，一切都是空谈。试想，一家公司的全体员工都非常勤奋，非常敬业，但最终企业产品销售不出去，无从赢利，企业将如何生存？所以说，再吃苦，再勤奋，苦劳再多，如果员工创造不了价值，业绩都等于零，更不用谈功劳之所在。

赢利是任何想在市场中生存发展的公司的根本目的。创造最大的财富，是公司老板和所有员工最为一致的目标。员工一定要为公司创造财富，且要把为公司创造财富当作神圣的天职、光荣的使命。尤其是那些业务部门的员工，要时刻思考怎样抓住商机、怎样开拓市场、怎样扩大产品宣传；时刻思考自己的工作行为到底与公司赢利这个大目标有多大距离；时刻思考自己为公司创造财富的确切数量。

"无功便是过"，这是海尔的一个理念。所以，功劳比苦劳更有含金量，抓住这个不变的法则，才能在职场中游刃有余。再抱着"没有功劳，也有苦劳"的陈旧观念，最后吃亏的只能是自己。苦劳再苦也只是一个过程，只有功劳才能得到老板想要的效益。赶快把苦劳转化为功劳吧，这才是职场聪明人的做法。此乃"只有功劳簿，没有苦劳册"。

行动差一寸，
效果差一丈

"失之毫厘，差以千里。"先人已很形象地将努力程度与所获结果的关系表达出来了。一项任务的落实需要行动来支撑，没有百分之百的落实，就不会有理想的效果。否则就会酿成"行百里者半九十"。

在一个公司里，不论是高层，还是中层，乃至基层，要想取得好的效益，就必须付出百分之百的行动。但是，在现实中，却并非如此，总有人"偷懒"，主观上认为，这不要紧，那不要紧，不知不觉就懒散下去了。我们都明白，工作最重要的任务就是创造效益，既包括给自己创造效益，又包括给公司创造效益。然而，为什么有人能创造出高效益，有人却创造不出好业绩。关键问题在于，做事不到位，行动就必打折扣。行动一打折扣，效果就必然大受破坏。

要想创造高效益，只有要求每位员工工作先到位。工作有时只需多做一点点就到位了，一到位，效果自然就会加倍提升。

1. 为啥煮熟的鸭子飞掉？

在实际中，我们常常遇到这样的事：明明是十拿九稳的事，可是，结果总是偏偏没有做成。为什么煮熟的鸭子照旧从手中飞了呢？

好友刘一是个很孝顺的人，她父母结婚50周年纪念日快到了，她想为父母送一件称心合意的礼物。于是，小武建议她买一把按摩椅，并主动陪她去商场挑选。商场里有好几款价位和档次均不同的按摩椅，售货员对每一款的功能和价位进行了详细介绍和优缺点对比，好友听得非常用心，最终决定在10000元和12000元的按摩椅之间做出选择。

见好友有点主意不定，售货员极力推荐她买贵的那一款，并说了一句："老人嘛，还能活多久，要买当然要买好的。"

尽管该售货员表达的意思是老人年纪大了，儿女想让他们享享福，但是话说不中听，好友当场就变了脸色，转身就走。售货员意识到自己说错话了，追到门口，一再道歉，但好友最终没在那里买，而是跑到了另一家商场买了一个又贵一些的。眼看就要成交的生意，就因一句话泡了汤，还给顾客留下相当不好的印象，想必这位售货员是后悔莫及。

售货员没有注意到细节，没有将工作落实到位，或许由于一时的冲动，或许由于平时学习培训销售技巧时的疏忽，最终酿成"煮熟的鸭子飞了"的悲剧。

还有一个故事是：

左先生当年做程序员时，有位同事叫小郭。小郭是个很有经验的老程序员了，他编写代码的速度非常迅速，同样的工作别人需要三四个小时，他一个小时就完成了。

有一次，公司接到一个几十万的项目，要完成这个软件程序的编写，整个项目运行的时间大约长达7个月。全公司上下都对这个项目非常重视，左先生和小郭也在这个项目组。

在公司其他员工忙得焦头烂额时，小郭表现得很轻松，左先生就很羡慕他，心想"不愧是老程序员了，做得可真快"。小郭自己得意地说："速度就是金钱啊，省下的时间也足够我再做一个小项目了。"

7个月很快过去了，当程序进入最后调试阶段时，准备按约如期交给客户使用，这时却突然发现在小郭负责的那部分代码里出现了很多不该犯的低级错误。

而事实上，只要小郭当时细心一点，或者做完检查一遍，这些小错误完全可以避免。存在这些错误的程序很明显不合格，就是交上去也会因为使用中出现问题被客户退回来。

老总没办法，只好让大家突击重写小郭负责编写的那部分。可是，大家没日没夜地赶工加班，最终还是没能在合同规定的时间内把代码写完。公司为此失去了这个几十万的好项目，小郭也不得不离开该公司。

试想，假如小郭做的速度稍微慢一点，仔细一点，结果就会截然相反，行动差了一点儿，结果却是天壤之别，给公司造成了巨大的不可弥补的损失。

可见，工作做得不到位，"煮熟的鸭子照旧会飞掉"。

总结这两个小故事，我们不难发现，"鸭子"飞走的原因关键在于售货员和小郭的疏忽。他们俩急于求成，他们把"成交的欲望写在脸上"，造成了说话、做事缺乏克制、处处粗心。假如售货员说"我建议您还是挑贵的那一款，老人们辛苦了大半辈子，现在也该是让他们享享清福的时候了。更何况还用得好呢，老人也越长寿嘛。"相信这样的说服之后，效果定会不同。此外，还说明，在任务完成之前，任何时候，都不能掉以轻心，自以为是地以为十拿九稳，然后就放松注意力，最终还会酿成不可估量的损失。售货员的说话、小郭的做事认真态度都是酿成事故的最终原因。归根结底，"煮熟的鸭子"不是自己拍拍翅膀飞走的，而完全是因我们的工作做得不到位，把它亲手送走的。

2. 行动与效果在职场的差异

在职场中，我们也常听到这样一类人群：

他们每天来得最早，走得最晚，认认真真、勤勤恳恳地去完成领导交代的事。他们也每天按量按要求去给客户打电话、约访，但奇怪的是，日复一日，就是一点业绩也没有。

他们同样来得最早，走得最晚，该打电话就打电话，该访客户就访客户，看似在做同样的事，但总让人不解的是，别人见不到的客户他们能见到，并且也能解决了别人解决不了的难题，业绩日积月累，成倍增长。

他们做同样的工作，但为什么效果却相差如此之大？

　　小章和小刘同时进入一家销售公司，二人在年龄、学历、工作经历上都无任何差异，可以说两人的起点是一样的，但两个月后，差距就凸显出来：小章一个单子也没出，而小刘却成为销售冠军。

　　对比两人的销售技巧我们发现两人在打电话这一关上就显出了很大差异，结果造成了最终结果的差异。

　　两人销售目标点都是大企业、大客户，但电话打过去最先接的是前台。于是：

　　小章这样说话："您好，请给我转一下采购部。"前台："请问您找采购部的哪位？"

　　小章被问住了，说不出具体要找的人，这样前台就不会给他转。他只好叹气，再给别的公司打电话，可是遇到的还是同样的问题，一再被拒绝。就这样，两个月过去了，还停留在与前台的"攻防"阶段。

　　而小刘是这样说的："您好，请接采购部……哦，没有具体联系人不能接吗？没关系，小姐您的声音很好听，请问您贵姓？哦，李小姐，谢谢您，祝您工作愉快。再见。"

　　第二次打电话过去小刘说："李小姐您好，请帮我接一下采购部。"

　　前台听到他一下就叫出自己的姓氏，以为是熟悉的人，便给接进了采购部。在采购部小刘遭遇了拒绝，但他却得到了采购经理的姓。

　　第三次打电话过去小刘说"您好，我找采购部王经理。"

　　在与采购部经理沟通时，他了解了客户的一些需求信息后，小刘得知这家公司的采购业务最终是由公司老总决定，于是又从采购部问到老总的姓名和联系方式。

　　第四次打过去时，小刘就直接与公司老总沟通了。

　　小刘不为被拒而恼怒，而是步步紧逼，一步步将问题解决，最终达到自己的目标。到两个月的时候，他的销售量达到了令人难以想象的程度，最终成为公司销售冠军。

可见，小章和小刘两人的行动差一寸，效果就差了一丈。从两人的电话技巧中，我们明白了行动与效果的关系之大。

启示

只有经过周密思考的行动，才是有质量的行动，才能真正创造出高效益的行动，才能达到理想的效果。效果好比战略，行动就是执行力。联想控股集团的总裁柳传志曾说：就公司战略而言，任何一个优秀的战略都不是一蹴而就的凭空臆断，都需要公司领导者以执行的踏实心态，对公司所处的宏观经济环境与行业发展特点进行透彻的分析与研究，在这个基础上，结合公司的资源来确定切实可行的战略规划。效果的实现都是行动的塑造。公司间的发展上的差距，其实是行动不足造成的，许多公司老总热衷于学习和宣传新的管理模式，但是不强调执行力，不强调行动，最终也只能是纸上谈兵。

落实没落实，结果见分晓

作为企业的职工，我们要有效执行企业所制定的各项管理规章制度，将企业做强做大，实现企业预定的目标，就必须确立牢固的落实观念。落实到位，效果就会显现，否则就会大失所望。

企业生产力的提升，关键在于公司的战略落实情况，落实到位就会显现效果，结果就会很好，生产力自然就会加倍提升。

东方希望集团总裁、著名企业家刘永行在韩国一饲料公司考察，惊奇地发现：对方的生产效率是中国同行业的10倍。他非常震惊也很不解，最后找到的答案是：

员工工作效率的差距，不是将员工能力的简单叠加。不是我们一人做了12人的事，10个人就相当于我们12个人。效率是乘积的关系，一个人的效率是我们的12倍，10个人的效率是我们12个人的10倍，因此，他们10个人就等于我们100个人。这才是为什么人家用几个人就能办到我们那么多人才能办的事。

谈到中国企业效率不高的原因时，韩国厂长说了一句"中国人做事不到位"，令我非常警醒。刘永行由衷地表示，这话"确实点到我们的病根子上了"。这样算来，得出很惊人的结论：中国的人力资源成本其实是非常之高的。这也是我们每个人的薪水低的原因，我们做事的效率低，落实的力度差，假如每个人都将自己的本职工作高效落实的话，待遇不会低、效率不会差。

落实力究竟多重要？当我们漫步在马路上时，看到的满街的咖啡店中，唯有星巴克一枝独秀；同是做PC，唯有戴尔独占鳌头；都是在做超市，只有沃尔玛雄踞零售业之魁。

许多公司的理念和战略大致相同，可业绩却截然相反，原因何在？关键在于落实！没有强劲的落实力，就没有顽强的战斗力，更不会有激烈竞争力，最终只能落后！

思科作为全世界最大的网络设备公司，拥有垄断技术，但总裁却认为公司的成功不在于技术，而关键在于落实，可见，落实不落实，结果会说明一切。

当你每次接到任务的时候，总是抱着"等一下去做"、"我手头还有其他的工作没完成"的拖沓态度。即使你以后常常加班完成这些事情，老板照样不会认为你在努力。相反，你应该马上写出自己的所有行动计划，然后去做！从现在就开始，立即去做自己一直在拖沓的工作！这样一来，你就会发现及时完成的事情，马上就会体验到其成果，而且也会得到老板的信任。如果只是一味地拖沓，最终面临的将是被公司淘汰。

落实力的落实程度，决定着一个企业的发展进程，也是员工取得事业成功的关键。因此，拥有高效的行动力团队和员工，是一个优秀的成功企业所应该努力的方向和必须达成的目标。那些不去做现在该做的事情，总是等着将来去做的人，往往会失去一时，而最终酿成失去一世。反会给自己落个"没有毅力、习惯逃避现实"的名声。

评价一个人落实责任的效果，只要看其在岗时的精神状态即可。一个充满激情的人工作起来，所成的结果远远优越于一个精神萎靡不振的人的工作结果。能否竭尽全力地去工作，决定一个人能否落实责任。只要你能够领悟通过竭尽全力工作免除工作辛劳的秘诀，你就掌握了成功到达彼岸的真理。

收获的成果如何就是你行动中落实的状况的情景。

"抓紧落实"、"逐条落实"、"马上落实"、"落到了实处"、"真的落实了"、"落实得真快"这些口号的衡量标尺就是，其结果的表现。没有符合标准的结果的出现，即使所谓的"落实"，也只能是敷衍了事、欺骗众人的。

　　要牢记：昨天的成就来自于落实，今天的任务需要你落实，明天的希望等待我们去落实。落实，使我们劈荆棘，踏坎坷；落实，使规划结成硕果，希望变为现实。一件一件地落实，将会构筑起我们事业的宏伟大厦；一步一步地落实，就能引领我们登上巍峨的山巅。

　　要深刻地意识到：落实是充满艰辛的奋斗过程，是富有智慧的领导艺术，是培养人才的生动课堂。

落实之根：只为结果买单

　　一个战略，一项工作的落实与否，不是凭空捏造或者任由当事人描述的，它是有实实在在的结果在检验着的。因此，真正的落实力在于结果的实现。

　　执行就是将为达到目标而制定的措施、战略等相关内容落实到位，使其达到预期想要求的目标。执行力、落实力是有结果的行动，企业要的是行动和落实以及执行的结果，而不是其他理由。这个执行阶段，只是要求员工和领导干部根据公司分配的目标去达致任务，督察部门和公司经理只看结果不看过程，没有结果的过程与付出，是交不了差事的。员工一定要明白在企业公司里做事，就是奔着目标而来。

　　公司管理部门要在员工中根植结果文化，让结果思维、外包理念、底线原则、布置策略融合在职工的脑海中，落实在职工的行动中。结果思维就是员工在做任何一件公司内部的工作时，都要抱持做出结果的态度和观念，不能是随便行事而不顾及其之后的结果。外包理念是要将客户的要求转化为自己工作的动力，让自己的辛劳和付出成为客户追求的目标。底线原则就是要做好作为一个公司人的基本职业道德。布置策略就是指领导层要让员工意识到其接受的任务的策略性以及具体操作中的流程。

　　将落实的观念当作员工的真正的责任心。我们知道，人类的责任心是管理出来的，而不是吹出来的，因此公司内部要制定严格的责任分配细则，使员工和干部真正意识到"从人人有责到人人有利再到人人有为"的现代职责理念。要杜绝出现责任跳来跳去与人多力量大反而下降的两大陷阱问题。做好并宣传和执行好创造结果的全力以赴、信守承诺、没有借口的三大标准。踏实落实好锁定责任的结果定义、唯一责任、跟踪检查、结果考核等的四个步骤。做到将结果作为员工落实的追求,将结果作为员工考核的要求和标准。总之,将结果作为检验员工和干部各项工作的试金石。

称职不称职，目标找差距

　　称职是当前企业里边对公司的最基本的一个要求。每一个员工是否称职，都要从其落实工作的能力和水平来考查，是否称职只要将其承担的任务与公司所定目标相比较，即可一目了然。

　　作为公司，不要满足于员工的口头效忠和忠心。员工说自己爱公司，那就要用自己的落实力来展示，任何挂在嘴皮边的说辞都是华而不实的。倘若员工做不出任何结果，不论其付出多少辛苦，其说辞多么动听，都是不中意的，因为派发给他的工作任务没有完成。其实，公司和员工之间就是一种商业交换关系，公司不淘汰、不发现那些不称职的员工，反过来就是对称职员工的侮辱和伤害。

　　作为员工，不能仅仅把自己的精力锁定在公司给自己多少薪酬上。觉得公司给的少，要分析少的原因，是自己没有付出劳动，不称职，还是公司制度不合理。一个负责任的公司是按照绩效来考核的，完成任务的就有奖励，薪水和奖金就多些，算是称职；否则就少，就是不称职。再者，只要接受这份工作，就要能够不管薪酬多少，都要尽职尽责，用相同甚至更多的努力来交换这份薪酬。否则，就是在剥削企业。称职是员工自己做出的，公司只是来评判，事实上，这个结果都是写在每个员工内心的。关键看自己是否落实。

　　增强责任心、尽职尽责地做好每一份，踏踏实实地做一名称职的员工和干部，对于一个企业、一个公司以及个人自己而言，都是十分重要的。

　　其实，称职不称职的表现就是自己是否有责任心，是否有完成公司分给自己的工作任务。没有任何借口，一定要扎扎实实地落实好自己的分内职责。

老鹰是鸟类中最强壮的种群，据动物学家研究，与老鹰的喂食习惯有关。老鹰一次生下四到五只小鹰，而它们的巢穴很高，因此鹰妈妈猎捕回来的食物一次只能喂食一只小鹰，而老鹰的喂食方式并不是以平等的原则进行，而是哪一只小鹰抢得凶就给谁吃。在此情况下，瘦弱的小鹰是吃不到食物的，所以次数多了就死了，于是最凶狠的小鹰就存活下来。依此代代相传，老鹰家族越来越强壮。表面上告诉我们是适者生存，事实上从另一个侧面，也告诉我们谁努力、谁称职，谁就有饭吃。在公司里，何不如此？公司都是追求效益的，能创造效益的就是好员工，就是称职的员工。

千里马与伯乐的故事，曾让多少有才之士感叹，千里马常有，而伯乐则不常有。如今，现代企业已由过去单纯的产品竞争时代，上升到了人才竞争和文化竞争的时代，竞争主体转向了人，企业也把引进、培养和使用人才作为了安身立命之本。

孟子曰："天将降大任于斯人也，必先苦其心志，劳其筋骨，饿其体肤，空乏其身，行拂乱其所为，所以动心忍性，曾益其所不能。"当企业发现不可多得的人才时，应考虑的是如何用的问题。这是一种大人才大理念的管理方法。企业应该将这个合心的员工放在非常适合的岗位，不是高职、高岗，不是一步到位，而是从基层做起，充分给予其展示才华的空间，激发其斗志、发挥其特长。通过从基层做起，来考察其做每一项工作是否称职。每一段时间的工作后，发现这名优秀的员工没有眼高手低，而是很务实，工作很有业绩，就可将其提拔到一个高一点的岗位。这时，他会有一种成就感外，对企业的赏识更是心存感激，同时也更加卖力地工作，战斗力自然会更旺盛。一段时间后，继续考察，发现这名员工的工作成效仍然异常显著，那么就要毫不犹豫地再次对其进行提拔使用并委以重任了。随着职位的不断升迁和工作阅历的不断丰富，该员工就会理解企业对自己的一片良苦用心，就会无比忠诚于企业，对自己的要求会越来越严格，做人会越来越谦虚，做事会越来越努力，于是就会在今后的工作中更加努力，更加称职，按时完成自己接受的任务，且对公司非常忠诚。

就在这样的培养中，积累属于自己企业的人才库，让他们永远感受到企业对他们自己的培养，永远面临机遇与挑战，保持昂扬的工作斗志，保证事事称职。

如何面对待不称职的员工？

不称职的员工对于企业来讲就算多余。因此从企业的效率角度考虑，就要把他们辞去，或者是教育、培训改进工作水平。多给他们开设教育培训类课程，多发动称职的员工协助他们。如果还是不称职的话，就只好考虑下面的辞退措施了。

很多企业里往往都有这样的员工：来不来上班对企业的业务或者是运营都不会产生什么影响！这样的员工对企业来讲，就有多余之嫌。这种员工的数量一旦增加，就会"人浮于事"，工作效率低下，团队凝聚力松散。

这类员工就算是要辞退的员工，但俗话说"请神容易送神难"，对企业聘用员工也是如此。辞退一个员工就不怎么简单了，不可能让人事部打个电话说"你明天不用来上班了"就完事大吉了，况且被辞退的员工也不会那么容易地顺从，更多的内心都会存有一些不快或者抱怨。在这种情况下，就需要管理者具备一定的沟通能力与管理智慧，妥善处理好不称职员工的去留问题，要耐心说服他们，用企业目标与他们工作的差距来表示，否则容易让他们产生抵抗情绪，影响其他称职的员工，甚至离开企业以后给企业带来不良影响。

辞退员工要有沟通谈话过程，这个过程是不可省略的，且谈话中一定要果断。很多管理者喜欢谈话候做铺垫，生怕一不小心伤害了被辞员工。事实上没有必要，完全可以直入主题，当然要以事实为依据。所谓的事实就是其工作能力、水平与公司目标之间的差距。但必须明确：辞退只是因他这份工作做得不好，而不是因为他的人品不好。哪怕是他确实有某方面的缺点，也不要直接批评。不过可以根据实际情况，给予真诚的建议，告诉他适合做什么，到了什么样的岗位能够做得很好。最后，你应征询他对公司和工作岗位的意见或建议，真诚的记录下来他的答案，并对他表示感谢。

此外，被辞退员工不带怨言离开公司后，要注意"善后事宜"的处理。人事部要经常关注该员工的动向，并给予关怀和关心，比如生日或节日时送去问候，这对企业的口碑和内部员工的稳定都是很有帮助的。且当该员工在新岗位做出成绩后，他会由衷地想到原来的公司给予他的帮助和鼓励。

称职不称职就在那么一念之间，坚持把握住目标与工作的吻合程度，就会做出很称职的工作。